गुलज़ार

गुलज़ार एक मशहूर शायर हैं जो फ़िल्में बनाते हैं। गुलज़ार एक अप्रतिम फ़िल्मकार हैं जो कविताएँ, कहानियाँ लिखते हैं। बिमल राय के सहायक निर्देशक के रूप में शुरू हुए। फ़िल्मों की दुनिया में उनकी कविताई इस तरह चली कि हर कोई गुनगुना उठा। एक गुलज़ार-टाइप बन गया। अनूठे संवाद, अविस्मरणीय पटकथाएँ, आसपास की ज़िन्दगी के लम्हे उठाती मुग्धकारी फ़िल्में। *परिचय, आँधी, मौसम, किनारा, ख़ुशबू, नमकीन, अंगूर, इजाज़त*—हर एक अपने में अलग।

1934 में दीना (अब पाकिस्तान) में जन्मे गुलज़ार ने रिश्ते और राजनीति—दोनों की बराबर परख की। उन्होंने *माचिस* और *हू-तू-तू* बनाई, *सत्या* के लिए लिखा—*गोली मार भेजे में, भेजा शोर करता है...*।

कई किताबें लिखीं। *चौरस रात* और *रावी पार* में कहानियाँ हैं तो *गीली मिट्टी* एक उपन्यास। *कुछ नज़्में, साइलेंसेस, पुखराज, चाँद पुखराज का, ऑटम मून, त्रिवेणी, पाजी नज़्में* वगैरह में कविताएँ हैं। बातों-मुलाक़ातों की किताबें *बोसकीयाना* और *जिया जले* भी हैं। बच्चों के मामले में बेहद गम्भीर। बहुलोकप्रिय गीतों के अलावा ढेरों प्यारी-प्यारी किताबें लिखीं जिनमें कई खंडों वाली *बोसकी का पंचतंत्र* भी है। *मेरा कुछ सामान* फ़िल्मी गीतों का पहला संग्रह था, *छैंया-छैंया* दूसरा, *गुनगुनाइए* नया संग्रह है। *खराशें, आस-पड़ोस, पाँसा* और *अरे... ओ हेनरी* नाट्य-पुस्तकें हैं। *मीरा, ख़ुशबू, आँधी* और अन्य कई फ़िल्मों की पटकथाएँ लिखीं। *मंज़रनामा* सीरीज़ में सभी के मंज़र प्रकाशित हैं। *सनसेट प्वॉइंट, विसाल, वादा, बूढ़े पहाड़ों पर* या *मरासिम* जैसे अलबम हैं तो *फ़िज़ा* और *फ़िलहाल* भी। यह विकास-यात्रा का नया चरण है।

बाक़ी कामों के साथ-साथ *मिर्ज़ा ग़ालिब* जैसा प्रामाणिक टी.वी. सीरियल बनाया, कई अलंकरण पाए। सफ़र इसी तरह जारी है। चिट्ठी का पता वही है—बोस्कियाना, पाली हिल, बान्द्रा, मुम्बई।

नसरीन मुन्नी कबीर

नसरीन मुन्नी कबीर प्रतिष्ठित डॉक्यूमेंट्री फ़िल्म निर्देशक और लेखक हैं। लन्दन में रहती हैं। उन्होंने चैनल-4 टीवी के लिए हिन्दी सिनेमा पर कई कार्यक्रम तैयार किए हैं। 'गुरुदत्त : ए लाइफ़ इन सिनेमा', 'टॉकिंग फ़िल्म्स एंड सॉन्ग्स', 'ए. आर. रहमान : द स्पिरिट ऑफ़ म्यूज़िक', 'लता मंगेशकर : ...इन हर ओन वॉइस' और 'ज़ाकिर हुसैन : ए लाइफ़ इन म्यूज़िक' उनकी प्रमुख पुस्तकें हैं।

यूनुस खान

यूनुस खान रेडियो, फ़िल्म-संगीत की दुनिया का जाना-पहचाना नाम हैं। वे बीते ढाई दशकों से विविध भारती सेवा, मुम्बई में उद्घोषक हैं। उन्होंने विविध भारती के लिए सिनेमा की सैकड़ों कालजयी हस्तियों के इंटरव्यू लिए हैं। रेडियो के इतिहास, सिनेमा एवं संगीत पर अनेक कार्यक्रमों का निर्माण किया है। विगत तीन दशकों से सिनेमा पर लगातार लिख रहे हैं। 'लोकमत समाचार' में सिनेमा पर केन्द्रित चर्चित कॉलम 'जरा हट के' का लेखन। पिछले कई वर्षों से लोकप्रिय ब्लॉग 'रेडियोवाणी' के लिए लेखन जारी। उन्होंने मशहूर गीतकार आनंद बख्शी की जीवनी 'नग़्मे क़िस्से यादें बातें' का अनुवाद किया है।

जिया जले

गीतों की कहानियाँ

जिया जले

गीतों की कहानियाँ

गुलज़ार

संग बातचीत

नसरीन मुन्नी कबीर

अनुवाद

यूनुस खान

राधाकृष्ण पेपरबैक्स

मूल अंग्रेज़ी पुस्तक 'Jiya Jale : The Stories of Songs' का अनुवाद

राधाकृष्ण पेपरबैक्स में
पहला संस्करण : 2023
दूसरा संस्करण : 2025

राधाकृष्ण पेपरबैक्स : उत्कृष्ट साहित्य के जनसुलभ संस्करण

राधाकृष्ण प्रकाशन प्रा. लि.
जी-17, जगतपुरी
दिल्ली-110 051
द्वारा प्रकाशित

शाखाएँ : अशोक राजपथ, साइंस कॉलेज के सामने, पटना-800 006
पहली मंजिल, दरबारी बिल्डिंग, महात्मा गांधी मार्ग, प्रयागराज-211 001
1, अनमोल सोराबजी सन्तुक लेन, धोबी तलाव, मरीन लाइंस, मुम्बई-400 002
वेबसाइट : www.radhakrishnaprakashan.com
ई-मेल : info@radhakrishnaprakashan.com

विकास कंप्यूटर एंड प्रिंटर्स
ट्रॉनिका सिटी-201 102
द्वारा मुद्रित

मूल्य : ₹299

JIYA JALE : GEETON KI KAHANIYAAN
by Gulzar in conversation with Nasreen Munni Kabir
Translated by Yunus Khan

ISBN : 978-81-19092-09-3

भूमिका

गीतों की यात्रा

इस किताब का ख़याल 2016 में आया था, जब मणिरत्नम ने मुझसे अपनी फ़िल्म *दिल से* के री-स्टोर्ड प्रिंट की सब-टाइटलिंग करने को कहा था। संवादों के सब-टाइटल लिखना एक चुनौती हो सकती है। ख़ासतौर पर गानों का अनुवाद करना तो बहुत बड़ी चुनौती होती है। किसी भी इबारत की अनगिनत व्याख्याएँ और अनुवाद हो सकते हैं, जबकि मूल तो बस एक ही होता है। इसलिए जब मैंने *दिल से* के गानों के अनुवाद का काम शुरू किया तो मुझे लगा कि अगर गुलज़ार साहब, जिन्होंने ये गाने लिखे हैं, मुझे समझाएँ कि उनके गानों का सार, उनका मर्म क्या है तो इससे मेरी बड़ी मदद हो जाएगी।

हमेशा की तरह गुलज़ार साहब राज़ी हो गए और उन्होंने मुझसे कहा कि मैं अगले दिन सुबह-सुबह बांद्रा के पाली हिल स्थित उनके घर पर आ जाऊँ। मुझे पता है कि वो समय के बड़े पक्के हैं, इसलिए मैंने तय कर लिया था कि हर हालत में वक़्त पर ही पहुँचूँगी। उन्होंने गर्मजोशी से मेरा स्वागत किया और मेरे लिए कॉफ़ी मँगवाई। ('मम्मी वाली कॉफ़ी'—ये दूध वाली कॉफ़ी थी, बिना शक्कर की—जैसी राखी जी के लिए बनाई जाती है) इसके बाद हम उनकी 'स्टडी' में काम करने के लिए बैठ गए। हमने शुरुआत की *दिल से* के बेहद लोकप्रिय गाने 'चल छैंयां छैंयां' से। हालाँकि मैंने इंटरनेट पर इसके कई अंग्रेज़ी अनुवाद देख रखे थे, पर उनमें से कुछ मुझे बड़े औसत लगे, जबकि कुछ ऐसे थे जिन पर हँसने के सिवा आप कुछ नहीं कर सकते थे। मुझे लगा कि ऐसी हालत होने से बचने के लिए अच्छा यही

होगा कि मैंने जो अनुवाद किए हैं उन्हें गुलज़ार साहब को सुना दिया जाए, उस पर चर्चा कर ली जाए।

इस बातचीत के ज़रिए गाने का अनुवाद तय हो गया और फ़िल्म *दिल से* के री-स्टोर्ड प्रिंट में इसे शामिल कर लिया गया। और बाद में जनवरी 2017 में ये 'द हिन्दू' के मुंबई संस्करण में प्रकाशित भी हुआ। इस लेख में मूल गीत रोमन स्क्रिप्ट में छपा था और इसके नीचे था इसका अंग्रेज़ी अनुवाद। 'द हिन्दू' में इस लेख को पढ़कर लगा कि ये गीतकार के नज़रिये से गाने को लिखने की प्रक्रिया को समझने का कितना दिलचस्प तरीक़ा है। काश कि आज साहिर लुधियानवी या शैलेंद्र अपने किसी गीत के बारे में बताते कि उन्होंने इसमें फ़लाँ शब्द क्यों लिखा। यहाँ मेरे पास एक सुनहरा मौक़ा था हमारे समय के चोटी के गीतकार गुलज़ार साहब को रिकॉर्ड करने का, और ये जानने का कि गाना लिखते समय उनके मन में क्या चल रहा था।

इस तरह की पुस्तक की सम्भावना के बारे में बातचीत करने के लिए मैं एक बार फिर गुलज़ार साहब के पास गई और मेरी ख़ुशक़िस्मती थी कि उन्हें मेरा ये आइडिया बड़ा पसन्द आया। उन्होंने फ़ौरन ही कहा कि मुझे 'स्पीकिंग टाइगर' के रवि सिंह से बात करनी चाहिए और पूछना चाहिए कि क्या वो *जिया जले* को प्रकाशित करना चाहेंगे। गुलज़ार साहब ने ये भी कहा—'रवि बहुत विनम्र और प्यारे इंसान हैं—वो एक बेमिसाल प्रकाशक हैं। वो एक कवि की तरह बात करते हैं। मैं उन्हें कॉल करता हूँ'। सब कुछ एकदम सही होता चला गया और अगले एक साल में किताब तैयार भी हो गई।

जिया जले गुलज़ार साहब के साथ मेरा काम है। पहली किताब उनसे बातचीत पर आधारित थी और उसका नाम था 'इन द कंपनी ऑफ़ ए पोएट' जो 2012 में प्रकाशित हुई थी। इस किताब में उनकी ज़िन्दगी और काम के बारे में तफ़सील से बात की गई थी। यहाँ हमारा मक़सद था ये जानना कि उनके कुछ सबसे यादगार गाने किस तरह से लिखे गए हैं। उन संगीतकारों और गायकों के बारे में बात करना, जिनके साथ गुलज़ार साहब ने काम किया और उनके चुनिंदा गानों का अंग्रेज़ी में अनुवाद करना।

अपने अनुवादों में मैंने कोशिश की है कि लाइनों की अंग्रेज़ी में तुकबंदी ना हो, क्योंकि इससे गीत में नई छवियाँ शामिल हो जाएँगी और ये उनके साथ छेड़छाड़ होगी। गुलज़ार साहब की माहिर सलाह के ज़रिए किए गए

अनुवाद को गाया नहीं जा सकता, क्योंकि इसमें 'ट्यून' का ध्यान नहीं रखा गया है। हमारा ख़याल ये था कि हम किसी गाने की सतह के नीचे छिपी परतों को उजागर करें, उन्हें समझें, ताकि एक अहिन्दीभाषी या उर्दू ना जानने वाला व्यक्ति भी गुलज़ार साहब के काम को समझ पाए, गानों में इस्तेमाल किए गए शब्दों के मायने समझ पाए और इस तरह वो गाने की आत्मा से परिचित हो सके।

गुलज़ार साहब बहुमुखी प्रतिभा के धनी हैं। वो एक गीतकार हैं, फ़िल्म-निर्देशक, पटकथा लेखक, यहाँ तक कि वे लेखक भी हैं और अनगिनत कविताओं और किताबों के अनुवादक भी हैं। उनके कई गाने भारतीय जीवन की सांस्कृतिक बुनावट का हिस्सा बन चुके हैं। अब 'कजरारे' को ही लीजिए। ये गाना शादियों में नियमित रूप से बजाया जाता है, और 'हमको मन की शक्ति देना' आज भी स्कूलों में प्रार्थना के रूप में गाया जाता है। उनके गाने तरह-तरह के जज़्बात जगाते हैं—कभी सियासत की बात, कभी दर्शन की तो कभी बहुत ही गहरे रूमानी ख़याल। गुलज़ार साहब अपने फ़िल्मी गीतों में एक शायर का हुनर लेकर आते हैं पर वो कहानी की माँग के मुताबिक़ गीत रचते हैं। उनके कई गीत बातचीत के अन्दाज़ में हैं और कई बार तो किसी नाटकीय दृश्य या संवाद की जगह अपनी ज़िम्मेदारी बखूबी निभाते हैं। जैसे कि फ़िल्म *इजाज़त* (1987) का 'मेरा कुछ सामान...' जिसमें एक रिश्ते के ख़त्म होने को बड़े जज़्बाती लेकिन हैरत-भरे तरीक़े और आम छवियों के ज़रिए दर्शाया गया है। यहाँ भीतर के तूफ़ान को गाना बहुत नाटकीय तरीक़े से नहीं कहता।

बहुत सारे लेखक अपनी लेखनी में एक ख़ास मुहावरे, ख़ास शैली की तलाश के लिए जद्दोजेहद करते हैं पर गुलज़ार साहब ने अपने पहले ही गीत 'मोरा गोरा अंग लै ले' (*बंदिनी*, 1963) के साथ ही बिलकुल नई शैली पेश की थी। ये भी सच है कि उनके कुछ गानों की, उनमें इस्तेमाल किए गए रूपकों के लिए, आलोचना भी की गई है। मिसाल के लिए 'हमने देखी है उन आँखों की महकती ख़ुशबू' (*ख़ामोशी*, 1970) के लिए आलोचक कहते हैं कि आँखों में कैसे महकती ख़ुशबू हो सकती है। पर उनकी शायरी में अनूठी हैरत-भरी छवियों का इस्तेमाल ही उन्हें बाक़ी लोगों से अलग करता है। जब हम उनकी लेखनी का विश्लेषण करते हैं तो पाते हैं कि

उनके यहाँ छवियों का सीधा-सीधा इस्तेमाल नहीं है, वो किसी विचार को साथ लेकर आता है।

मैंने और गुलज़ार साहब ने इस किताब के लिए सन् 2017 में बातचीत शुरू की थी जो रुक-रुककर अप्रैल 2018 तक चलती रही। [मैं साल का ज़्यादातर वक़्त लंदन में बिताती हूँ और ज़ाहिर है कि गुलज़ार साहब मुंबई में रहते हैं]। हमने तक़रीबन पन्द्रह सेशन में बातचीत की और हर बार क़रीब ढाई घंटे बैठे, इस बातचीत को मैंने अपने डिजिटल रिकॉर्डर पर रिकॉर्ड किया और बाद में टाइप किया है।

गुलज़ार साहब का अनुशासन देखकर मैं वाक़ई हैरत में हूँ। वो हफ़्ते में छह दिन सुबह साढ़े दस बजे से दिन में डेढ़ बजे तक अपनी डेस्क पर बैठते हैं, लिखते-पढ़ते रहते हैं। एक घंटे खाने का अवकाश और उसके बाद वो शाम छह बजे तक फिर काम करते हैं। एक बार में वो कई किताबें लिखते-पढ़ते रहते हैं। इसके साथ-साथ कई फ़िल्मों के लिए गाने लिखने का काम भी चलता रहता है। कई मिलने-जुलने वाले भी आते रहते हैं और उनका फ़ोन भी लगातार बजता रहता है। इसके बावजूद हमारी बातचीत के दौरान कभी उनका ध्यान भटका नहीं। जब तक उन्हें अपनी बात कहने के लिए सही लफ़्ज़, सही भाव नहीं मिल जाता वो तसल्ली से नहीं बैठते।

जब पांडुलिपि तैयार हो गई तो गुलज़ार साहब और मैंने इसे कई बार पढ़ा ताकि बातचीत का प्रवाह सही आए और किताब में उस बातचीत का मिज़ाज पूरी तरह झलके।

आज फ़िल्म संगीत के इतिहास पर लिखी जाने वाली किताबों में काफ़ी इज़ाफ़ा हुआ है जो ख़ुशी की बात है। इस किताब का मक़सद यह है कि हिन्दी फ़िल्मी गानों को लेकर नई समझदारी पैदा हो। इसके साथ-साथ हमने गानों के अनुवाद की पर्दे के पीछे की प्रक्रिया को भी दिखाया है। वो भी बेमिसाल गीतकार गुलज़ार साहब के नज़रिए से, जो मानते हैं : 'अनुवाद का मतलब है शब्द जो जज़्बात जगाते हैं, उन्हें पकड़ना...और ये मेरे लिए शब्दों के मायने से ज़्यादा अहम है।'

लंदन
अक्तूबर, 2018

—नसरीन मुन्नी कबीर

जिया जले

आशा भोसले और आर.डी. बर्मन के साथ गुलज़ार

गुलज़ार : शुरुआत *जिया जले* से करते हैं।

यही वो पहला गीत था, जो लता जी ने ए.आर. रहमान के लिए गाया था। रहमान ने *दिल से* का संगीत तैयार करने से बहुत पहले से ही लता जी के क़िस्से सुन रखे थे। *जिया जले* से पहले रहमान ने लता जी से कोई भी गाना नहीं गवाया, ये बात मुझे परेशान कर रही थी। रहमान के काम करने का एक तरीक़ा ये है कि वो ये सोचते हैं कि उनकी इस धुन के लिए सबसे अच्छी आवाज़ कौन-सी रहेगी। ज़रूरी नहीं कि वो उस गायक-गायिका को जानते हों। वो उसी आवाज़ को चुनते हैं, जिसका तसव्वुर उन्होंने अपनी धुन के लिए किया था। रहमान अपने संगीत को लेकर बहुत ईमानदार हैं। वो उसी आवाज़ को चुनते हैं जिसकी बनावट उनकी धुन से मेल खाती हो। इसके अलावा गायक ऐसा हो, जो रहता चाहे कहीं भी हो—पर उसे चेन्नई जाने में कोई एतराज़ न हो...और जो रहमान के स्टूडियो में रात को भी गाना रिकॉर्ड करने को राज़ी हो।

फ़िल्म-निर्देशक जब कहीं अपनी स्क्रिप्ट का नैरेशन कर रहा हो, या फिर किरदार की बारीकियों को समझ रहा हो...उसके ज़ेहन में अपने किरदार का चेहरा एकदम साफ़ होता है, ठीक उसी तरह रहमान के ज़ेहन में गाने के लिए ज़रूरी आवाज़ का चेहरा उभरता है। मुझे लगता है कि *दिल से* के पहले उनके ज़ेहन में लता जी की आवाज़ का तसव्वुर नहीं आया होगा। इसलिए उन्होंने लता जी से नहीं गवाया। हमें ये नहीं

भूलना चाहिए कि नब्बे के दशक का आधा सफ़र ख़त्म होते तक रहमान हिन्दुस्तान के चोटी के संगीतकार बन चुके थे।

नसरीन मुन्नी कबीर : क्या वाक़ई लता जी इस गाने की रिकॉर्डिंग के लिए चेन्नई गई थीं?

गुलज़ार : जी हाँ, गई थीं। तब तक उनकी रहमान से कभी मुलाक़ात नहीं हुई थी, ना ही उन्होंने कभी उनका स्टूडियो ही देखा था। पर वो वहाँ रिकॉर्ड करने को राज़ी हो गईं। यहाँ बात ग़ुरूर की नहीं है। ये कलाकारों की दुनिया है और इसमें कहीं कोई ग़ुरूर होता ही नहीं। देखिए, हमारी ज़ाती ज़िन्दगी में भले अहं आड़े आ जाता हो, पर जब आप कुछ रच रहे हों, तो वहाँ इसकी कोई जगह नहीं होती।

सन् 1997 का कोई महीना था, जब हम चेन्नई जाने की तैयारी कर रहे थे। लता जी ने अपनी फ़िक्र मेरे सामने ज़ाहिर की और कहा—"शुक्र है आप मेरे साथ जा रहे हैं, क्योंकि रहमान के स्टूडियो में तो मैं किसी को नहीं जानती।" तय दिन लता जी चेन्नई पहुँचीं, रहमान ने उनका स्वागत किया। ज़ाहिर है कि रहमान लता जी से बहुत अदब से पेश आए। चेन्नई में उनके कई रिकॉर्डिंग स्टूडियो हैं, पर *जिया जले* के लिए उन्होंने वही स्टूडियो चुना, जिसे उन्होंने सबसे पहले बनाया था। ये स्टूडियो रहमान के लिए रूहानी और जज़्बाती तौर पर बहुत मायने रखता है। जब आप इस स्टूडियो में घुसते हैं, तो एक बहुत बड़ी, डरावनी-सी मिक्सिंग टेबल से आपका सामना होता है। दीवार पर उनकी वालिदा की तस्वीर टँगी है और स्टूडियो में एक तरफ़ गायक का एक छोटा-सा केबिन है, जिसमें माइक्रोफ़ोन लगे हैं। एक असिस्टेंट जो कनेक्शन वग़ैरह का ख़याल रखता है, वो अन्दर-बाहर करता रहा। पर उस शाम रहमान स्टूडियो में ज़्यादातर अकेले थे, मणि सर [निर्देशक मणिरत्नम] भी वहाँ मौजूद थे।

रहमान ने लता जी को धुन सुनाई और काम शुरू हो गया। लता जी को 'सिंगर-केबिन' में ले जाया गया, पर बदक़िस्मती, कि वहाँ से उन्हें वो 'मिक्सिंग टेबल' नज़र नहीं आ रही थी और ना ही लता जी हमें दिख रही थीं। ये उनके लिए दिक़्क़त की बात थी, क्योंकि अमूमन लता जी कम्पोज़र से नज़रें मिलाकर गाने गाती रही हैं, एक रिहर्सल के बाद उन्होंने मुझे

थोड़ा अलग बुलाया और कहा, "यूँ लग रहा है जैसे मैं अन्धी हो गई हूँ।"

मेरा ख़याल है कि वहाँ उन्हें क़ैदी जैसा भी महसूस हो रहा होगा। ज़ाहिर है कि ना तो हम वहाँ किसी दीवार को गिरा सकते थे, ना ही कोई दरवाज़ा हटाया जा सकता था। इसलिए मैं केबिन के काँच के दरवाज़े के पार एक स्टूल पर बैठ गया, जहाँ से मैं लता जी और रहमान दोनों को देख सकता था। रहमान ने कहा कि मैं किसी असिस्टेंट को वहाँ बिठा देता हूँ, पर मैंने मना कर दिया। तो उस दिन मैं एक तरह से लता मंगेशकर और ए.आर. रहमान के बीच की कड़ी बन गया था। *[हँसते हैं]*

नसरीन : क्या लता जी ने कई री-टेक किए थे?

गुलज़ार : नहीं-नहीं। कुछ ऐसे गायक हैं, जैसे लता जी, आशा जी, सुरेश वाडकर, सोनू निगम और अनुराधा जी [अनुराधा पौड़वाल] जो एक ही बार में गाना गा सकते हैं। वो गाने की इबारत लिख लेते हैं और उसमें निशान लगा लेते हैं कि उन्हें कहाँ रुकना है या कहाँ आवाज़ की अदायगी देनी है, बस, उसके बाद वो रिकॉर्ड करने के लिए तैयार हो जाते हैं। जबकि बाक़ी ज़्यादातर गायक अपने गाने हिस्सों में तोड़कर रिकॉर्ड करते हैं।

रहमान के रिकॉर्ड करने का तरीक़ा सबसे जुदा है। वो गायक से कह देते हैं कि वो एक ही लाइन या जुमले को कई बार गाएँ, अब वो सारे टेक रिकॉर्ड करते चले जाते हैं। तो इस तरह लता जी भी गाती चली गईं। वो हर लाइन को जितनी बार गातीं, अदायगी में बारीक फ़र्क़ होता—ये एक सच्चे कलाकार की निशानी है। तो रहमान ने उन्हें गाना दिया, और लता जी से कहा कि वो अपनी मरज़ी से गाती चली जाएँ, पर आख़िर में रहमान ही चुनते हैं कि कौन-सा वाला हिस्सा उन्हें रखना है।

ये तरीक़ा पुराने ज़माने के चलन से एकदम अलहदा है, इसमें एकदम नई टेक्नोलॉजी का इस्तेमाल किया जाता है, मल्टी-ट्रैक रिकॉर्डिंग की जाती है, पर टेक्नोलॉजी का फ़ायदा ही तब है जब उससे आप मनचाहे तरीक़े से काम कर पाएँ।

नसरीन : क्या इस तरीक़े से लता जी संशय में पड़ गई थीं?

गुलज़ार : लता जी को संगीत की पूरी बारहखड़ी आती है। *[दोनों हँसते हैं]*

आपको बता दूँ कि उन्होंने एक ही बार में पूरा गाना रिकॉर्ड कर दिया था, पर इसके बावजूद गाने को आख़िरी रूप नहीं दिया गया। इसके बाद रहमान ने क़रीब दस दिन तक इस पर काम किया। आमतौर पर वो अलग-अलग साज़ों पर काम करते हैं, गाने को सजाते हैं और इस तरह धीरे-धीरे गाने की शक्ल उभरती चली गई।

जब मैं मुम्बई वापस आ गया, तो उन्होंने मुझे फ़ोन किया, और बी.जी. के बारे में चर्चा करने लगे। मुम्बई में हम इसे 'इंटरल्यूड म्यूज़िक' कहते चले आए हैं पर साउथ में इसे बैकग्राउंड या बी.जी. कहा जाता है।

"गुलज़ार साहब, मैंने एक पुरुष और एक महिला कोरस रिकॉर्ड किया है और इसे अन्तरों के बीच पिरो दिया है, इसके शब्द मलयालम में हैं, क्या आप इनका हिन्दी तर्जुमा कर देंगे।" उन्होंने फ़ोन पर मुझे गाना सुनवाया। बहुत ही मीठा लगा, इसलिए मैंने ये सलाह दी कि इस कोरस को हम मलयालम में ही रखेंगे। हिन्दी नहीं करेंगे। साउंड का कुल मिलाकर जो असर है, वो मायने रखता है। मलयालम की अपनी ध्वनि है और लोकगीतों का अपना अलग तरह का संगीत होता है। लता जी और कोरस मिलकर अनूठा असर क़ायम कर रहे हैं। लोगों को ये गाना बड़ा पसन्द आया।

जिया जले, जाँ जले नैनों तले
धुआँ चले, धुआँ चले

(मलयालम बोल)

पुन्चिरी थनु कोंचीको
मुन्थिरी मुत्थम चिन्थीको
मंचनी वर्ण सुन्दरी वावे
थान्कीनाका, थाकधिमी आडुम थन्कानीलावे, होय
थंक कोलूसल्ले, कुरुम कुईलल्ले, आदण मयीलल्ले

जिया जले, जाँ जले नैनों तले
धुआँ चले, धुआँ चले

रात भर धुआँ चले
जानूँ ना, जानूँ ना, जानूँ ना सखी री
जिया जले... ॥

देखते हैं तन मेरा, मन में चुभती है नज़र
होंठ सिल जाते उनके, नर्म होंठों से मगर
गिनती रहती, हूँ मैं अपनी, करवटों के सिलसिले
क्या करूँ, कैसे कहूँ, रात कब कैसे ढले
जिया जले... ॥

(मलयालम बोल)

हे, कुरुवनीकिलिये, कुरुवनीकिलिये
कुकुरू कुरूकुरू कूकी कुरुकी, कुन्निमरथिल उयल आड़ी
कोडुम ओरिक्के कूटू विलीकुन्ने
मारण निन्ने कूकी कुरुकी कूटू विलीकुन्ने
थंक कोलूसल्ले, कुरुम कुईलल्ले, आदण मयीलल्ले

अंग-अंग में जलती हैं, दर्द की चिंगारियाँ
मसले फूलों की महक में, तितलियों की क्यारियाँ
रात भर बेचारी मेहँदी, पिसती है पैरों तले
क्या करूँ, कैसे कहूँ, रात कब कैसे ढले
जिया जले, जाँ जले नैनों तले
धुआँ चले, धुआँ चले
रात भर धुआँ चले
जानूँ ना, जानूँ ना, जानूँ ना सखी री
जिया जले... ॥

नसरीन : जब हमने *जिया जले* की बात की तो आपने एक बार कहा था कि इस गाने की थीम ये थी कि दुल्हन अपनी सुहाग-रात के बारे में बता रही है। मैं सच बताऊँ, जब मैंने इस गाने को पहली बार सुना था तो मुझे नहीं लगा था कि गाना इस बारे में है। शायद इसकी वजह ये भी हो सकती

है कि मणिरत्नम ने गाने को चटकीले दिन में झील के बीच फ़िल्माया था।

गुलज़ार : जी हाँ, पर ये एक तरह से *सुहाग-रात* का ही गीत है। लता जी ऐसा कोई गाना नहीं गातीं जिसका ताल्लुक़ सेक्स से हो या जिसके शब्दों या अदायगी में कोई अश्लीलता हो। इस गाने में ऐसा कुछ नहीं है—सुहाग-रात एक ख़ूबसूरत रात होती है—बशर्ते गीतकार बहुत ख़ूबसूरती से इसे उकेरे।

सोचिए कि कालिदास ने कैसे शकुन्तला का ब्योरा दिया है—वो उसकी ख़ूबसूरती के बारे में बता रहे हैं, उसके होंठ, उसके सीने और उसके जिस्म के बारे में। कालिदास की ललित कविता और उनका अन्दाज़ इसे ख़ास बना देता है। जब आप जिस्म की ख़ूबसूरती के बारे में बातें करते हैं—तो वो सूखा ब्योरा नहीं होना चाहिए—उसमें सौन्दर्य-बोध होना चाहिए। आपने *जिया जले* का तर्जुमा किया है, क्या आपको उसमें कुछ अश्लील लगा?

नसरीन : नहीं, यह सेन्सुअस [sensuous] है पर अश्लील नहीं है। 'जिया जले, जाँ जले' एक रूपक है—जो मदहोशी भरी रात को दर्शाता है। मैंने अपनी एक मलयालम दोस्त से पूछा तो उसने बताया कि कोरस की जो लाइनें हैं—वो शादी की रात के बारे में हैं।

गुलज़ार : मैंने शादी की रात को शादी की ही रात की तरह नहीं लिया है। हालाँकि 'मसले फूलों की महक' जैसे जुमले हैं—जो दिखाते हैं कि सुहाग-रात में प्यार करनेवालों की देह फूलों को मसल रही है। या वो जुमला कि 'रात भर बेचारी मेहँदी पीसती है पैरों तले'—ये दिखाता है कि दुल्हन के पैरों की हिना घिस रही है, मिट रही है।

नसरीन : मणिरत्नम जी ने आपको क्या 'ब्रीफ़' दिया था। क्या उन्होंने कहा था कि उन्हें *सुहाग-रात* का ही गीत चाहिए? क्योंकि फ़िल्म *दिल से* का जो जोड़ा है—प्रीति ज़िंटा और शाहरुख़ ख़ान, उनकी शादी नहीं होती और ये गाना प्रीति पर फ़िल्माया गया है।

गुलज़ार : ये दो प्यार करनेवालों की संग बिताई रात के तसव्वुर का गाना है। इसलिए इस गाने को सुहाग-रात या शादी के गीत की तरह नहीं

फ़िल्माया गया था। यहाँ अल्फ़ाज़ एक समाँ बाँधते हैं। एक मूड बनाते हैं। मुझे याद है कि जब मैंने मणिरत्नम और रहमान को इस गाने के मायने बताए तो रहमान ने कहा था, "आप तो कमाल की तस्वीर खींचनेवाले कवि हैं।"

नसरीन : जी हाँ! ये भी दिलचस्प बात है कि रहमान ने एक एकल गीत में कोरस का इस्तेमाल किया था।

गुलज़ार : हाँ, ऐसा ही *दिल से* के एक और गीत 'ऐ अजनबी' में भी हुआ था। उदित नारायण ने इसे रिकॉर्ड कर लिया था, इसके बाद रहमान ने मुझे मुम्बई में फ़ोन किया और कहा कि उन्हें अन्तरों के बीच में एक महिला स्वर चाहिए। उन्होंने मुझसे कहा कि 'प' से शुरू होनेवाला कोई शब्द आप दे दीजिए।

मैंने उन्हें एक जुमला दिया—'पाखी पाखी परदेसी'। रहमान ने पूछा कि क्या इन अल्फ़ाज़ के कोई मानी हैं या फिर ये केवल ध्वनियाँ ही हैं। मैंने उन्हें समझाया : संस्कृत और बांग्ला में चिड़िया को 'पाखी' कहते हैं। हिन्दी में इसे 'पंछी' कहा जाता है।

जब हम इसमें 'परदेसी' शब्द जोड़ देते हैं, तो इसका मतलब है हम किसी दूसरे मुल्क से आए पंछी की बात कर रहे हैं। ये भी कहा जा सकता है कि हम परदेस से आए एक पंछी की बात कर रहे हैं, जिसे एक दिन अपने वतन लौट जाना है। रहमान ने इसे महालक्ष्मी अय्यर की आवाज़ में रिकॉर्ड किया और ये कमाल का लगा है।

मुझे हिन्दी का एक जुमला याद आ गया, 'पंछी और परदेसी नहीं किसी के मीत'।

पाखी-पाखी परदेसी
ऐ अजनबी तू भी कभी आवाज़ दे कहीं से
मैं यहाँ टुकड़ों में जी रहा हूँ
तू कहीं टुकड़ों में जी रही है
ऐ अजनबी तू भी कभी आवाज़ दे कहीं से॥

रोज़-रोज़ रेशम-सी हवा, आते-जाते कहती है बता

वो जो दूध-धुली मासूम कली, वो है कहाँ, कहाँ है?
वो रोशनी कहाँ है? वो जान-सी कहाँ है?
मैं अधूरा, तू अधूरी जी रही है
ऐ अजनबी तू भी कभी आवाज़ दे कहीं से!!

तू तो नहीं है, लेकिन तेरी मुस्कुराहटें हैं
चेहरा कहीं नहीं है, पर तेरी आहटें हैं
तू है कहाँ, कहाँ है?
तेरा निशाँ कहाँ है?
मेरा जहाँ कहाँ है?
मैं अधूरा, तू अधूरी जी रही है
ऐ अजनबी तू भी कभी आवाज़ दे कहीं से॥

गुलज़ार : एक बात बताऊँ, रहमान को गीतकार अपने पास ही चाहिए। जब हम यश चोपड़ा की फ़िल्म *जब तक है जां* के गाने तैयार कर रहे थे, तब रहमान लॉस एंजिल्स से लन्दन आए, लन्दन से चेन्नई, चेन्नई से मुम्बई, एक हफ़्ते में इतना सफ़र। ये सब इसलिए ताकि वो यश जी और मेरे साथ वक़्त पर पहुँचकर फ़िल्म के संगीत पर चर्चा कर सकें।

एक दिन बिलकुल अचानक रहमान ने मुझसे कहा कि मैं फ़्लाइट पकड़कर उसी शाम चेन्नई पहुँच जाऊँ। मुझे उनसे कहना पड़ा, "देखो, मैं तुम्हारी तरह जवान नहीं हूँ। कम से कम एक दिन का वक़्त तो दो ताकि मैं यहाँ के काम निपटा सकूँ।"

रहमान हँस पड़े। एक बार तो ये हुआ कि मैं चेन्नई में ही था और हमें एक एक्स्ट्रा गाने की ज़रूरत पड़ गई। रहमान ने कहा—

"तो क्या हुआ, आप यहीं लिख दीजिए।"

"अरे भई, मैं इस तरह नहीं लिख सकता, मुझे वक़्त चाहिए होता है।"

ये सुनकर उन्होंने तमिल कवि और गीतकार 'वैरामुथु' का ज़िक्र किया—

"वो तो ऐसा ही करते हैं, बस बग़ीचे में जाते हैं, टहलते हैं, गाना लेकर हाज़िर हो जाते हैं, मुझे समझ नहीं आता कि क्या गाना पेड़-पत्तियों के बीच कहीं छिपा होता है और उन्हें मिल जाता है।"

ये बात ध्यान देनेवाली है कि रहमान ने फ़िल्मी गीतों को एक नया रूप दिया है। इसकी एक बेहतरीन मिसाल है *दिल से* का गाना 'सतरंगी रे'। ये एक तरह से अतुकान्त कविता/ ब्लैंक वर्स है। कोई तयशुदा पैटर्न नहीं है। ये कहा नहीं जा सकता कि मुखड़ा गाने में कब दोहराया जाएगा। दोहराया भी जाएगा या नहीं। आमतौर पर क्या होता है, हर अन्तरे के बाद मुखड़ा दोहराया जाता है। जब मैं रहमान के लिए गाना लिखता हूँ तो ये कविता लिखने जैसा होता है। मुमकिन है इसमें हुक-लाइन दोहराई नहीं जाए।

नसरीन : तब तो फ़िल्मी गीत की बनावट में ये एक बड़ा बदलाव है। मुझे लगता है कि बहुत सारे संगीतकार अब ऐसा करने लगे हैं।

जब किसी गाने की लोकप्रियता की बात आती है, आपको क्या लगता है, क्या 'धुन' सुननेवालों को अपनी तरफ़ खींचती है या बोल?

गुलज़ार : मुझे लगता है कि धुन खींचती है। आमतौर पर गुनगुनाने लायक़ धुन खींचती है। शब्द नहीं खींचते। बाद में आपका ध्यान अल्फ़ाज़ पर जाता है। अल्फ़ाज़ धुन को पकड़ने में आपकी मदद करते हैं। जब आपको लफ़्ज़ पता चल जाते हैं तो आप उनके मायने जानना चाहते हैं। इस तरह सीढ़ी-दर-सीढ़ी सिलसिला आगे बढ़ता जाता है।

नसरीन : मुझे *ओंकारा* का तड़कता-भड़कता गीत याद आ रहा है, 'बीड़ी जलइले' जिसे नचिकेता चक्रवर्ती, क्लिंटन सेरेजो, सुखविन्दर सिंह और सुनिधि चौहान ने गाया था।

गुलज़ार : मुझे याद है कि जावेद अख़्तर साहब ने एक टीवी प्रोग्राम में ये बात कही थी कि उन्हें ये लाइन बड़ी पसन्द है—'बीड़ी जलइले जिगर से पिया, जिगर मा बड़ी आग है'। काश ये लाइनें उन्होंने लिखी होतीं। ये एक बहुत प्यारी तारीफ़ थी। मुझे लगता है ये गाना उन्हें इसलिए पसन्द आया होगा क्योंकि इसमें एक लोकगीत की मिठास है। लोकगीत जैसी तबीयत है।

क्या आपको 'बिल्लो' का किरदार याद है, जिसे *ओंकारा* में बिपाशा

बसु ने निभाया था? फ़िल्म में ये गाना वही गाती है। फ़िल्म में वो जब भी ज़ुबान खोलती है तो कोई गाली निकलती है। मैंने उसके किरदार से ही इस गाने की प्रेरणा ली थी। *ओंकारा* में अवधी का इस्तेमाल किया गया है, इसलिए वो इस गाने में भी है।

नसरीन : जो लोग नहीं जानते उन्हें बता दिया जाए कि *ओंकारा* असल में 'ओथेलो' पर आधारित है और विशाल भारद्वाज ने शेक्सपियर की रचनाओं पर जो फ़िल्म-त्रयी बनाई है, ये उसमें से एक है।

आपने तो *ओंकारा* की पटकथा भी पढ़ी ही होगी, जिसे विशाल भारद्वाज, अभिषेक चौबे और रॉबिन भट्ट ने लिखा था?

गुलज़ार : पढ़ना चाहिए। ज़रूरी है। मैं किसी पर उँगली नहीं उठाना चाहता, पर आज के ज़माने के गीतकार सिर्फ़ सिचुएशन जानना चाहते हैं या लोकेशन। वो पूछते हैं, गाना अन्दर फ़िल्माया जाएगा, या बाहर खुले में, सोलो होगा या डुएट? मुझे लगता है कि फ़िल्म की स्क्रिप्ट आपको ऐसा गाना लिखने की राह दिखाती है, जो कहानी को लेकर चले। गाना उस ज़बान में ही लिखा जाना चाहिए जिसमें कहानी के किरदार बात कर रहे हैं।

सीन में तीन किरदार 'बीड़ी जलइले' गाते हैं। गाने का नज़रिया केसू (विवेक ओबेरॉय), बिल्लो (बिपाशा बासु) और लँगड़ा त्यागी (सैफ़ अली ख़ान) के बीच बदलता चला जाता है। जो पहला अन्तरा है वो केसू के नज़रिये से है। वो कहता है कि इतनी कड़ाकेदार सर्दी है, तुम्हारे पास ना गिलाफ़ है ना लिहाफ़। ऐसे में किसी पड़ोसी की रज़ाई में घुस जाने का मन कर रहा है।

ना गिलाफ़ ना लिहाफ़, ठंडी हवा भी ख़िलाफ़, ससुरी।
इतनी सर्दी है किसी का लिहाफ़ लइ ले
जा पड़ोसी के चूल्हे से आग लइ ले।

सुनिधि चौहान बिल्लो के लिए गाती हैं। ये उसका नज़रिया है। वो कहती है, उसका प्रेमी अपनी बीड़ी अपने जोश से जलाता है। मैं ये कह सकता था—'सिगरेट जलइले', पर उसमें वो शायराना बात नहीं आती।

इसलिए मैंने 'बीड़ी' का इस्तेमाल किया—इससे गाने में गाँव का मिज़ाज आया, क़स्बे का मिज़ाज। बिल्लो केसू को ख़बरदार करती है कि जब वो उसके घर से निकले तो अपने मुँह से धुआँ नहीं निकाले, क्योंकि ताका-झाँकी करनेवाले लोग ताड़ लेंगे और फिर सब जगह चर्चा फैल जाएगा।

बीड़ी जलई ले जिगर से पिया
जिगर मा बड़ी आग है।
धुआँ ना निकारी ओ लब से पिया
ये दुनिया बड़ी घाघ है।

(इसके बाद फिर केसू का नज़रिया आ जाता है)

ना कसूर, ना फ़तूर
बिना जुरम के हुजूर मर गए।

इसके बाद फिर बिल्लो अपनी बात कहती है और बताती है कि रसूख़दार ज़मींदार उसके साथ कितना बुरा बर्ताव करते हैं। वो अपनी कचहरी में उससे नाचने को और अपने दोस्तों का दिल बहलाने को कहते हैं।

ऐसे एक दिन दुपहरी बुलाए लियो रे
बाँध घुँघरू कचहरी लगाइ लियो रे
बुलाय लियो रे, दुपहरी।

(सुनिधि चौहान और सुखविन्दर सिंह)

अँगीठी जलइले जिगर से पिया
जिगर मा बड़ी आग है।

इसके बाद हम फिर जागीरदारों की बात करते हैं। केसू और लँगड़ा इस अन्तरे को साथ में गाते हैं। यहाँ बेरहम और ताक़तवर ज़मींदारों की शख़्सियत और उनके बर्ताव के बारे में बताया गया है।

(सुखविन्दर सिंह, नचिकेता चक्रवर्ती और क्लिंटन सेरेजो)

ना तो चक्कुओं की धार
ना दरांती ना कटार।
ऐसा काटे के दाँत का निसान छोड़ दे
ये कटाई तो कोई भी किसान छोड़ दे
ऐसे जालिम का छोड़ दे मकान छोड़ दे, बिल्लो

(आख़िरी अन्तरा बिल्लो कहा है, जिसमें वो उस रात के बारे में बता रही है, जब उसका आशिक़ उससे मिलने आया था)

(सुनिधि चौहान)

ना बुलाया, ना बताया
हमें नींद से जगाया, हाय रे।
ऐसा चौंके लिहाफ़ में नसीब आ गया
वो इलायची खिलाइ के क़रीब आ गया।
कोयला जलइले जिगर से पिया
जिगर मा बड़ी आग है।

नसरीन : वाह! ये तो गाने के अन्दर कहानी है!

गुलज़ार : ज़बान मेरा पेशा है। अगर मेरा पेशा बर्तनों पर नाम उकेरना होता, तो मैं ज़बान में माहिर कैसे हो सकता था।

नसरीन : सही कहा आपने!

अब मैं एक नादानी भरा सवाल करने जा रही हूँ। मैंने 'ससुरी' शब्द अकसर डायलॉग में सुना है। आपके कुछ गानों में भी आता है—जैसे—'बीड़ी जलइले' में आया है। क्या आप मुझे इसके बारे में बताएँगे?

गुलज़ार : ये लोक-भाषा का एक शब्द है, जिसके मायने हैं—'सास'। 'ससुरा' यानी 'ससुर'। ये कोई गाली नहीं है। मुझे नहीं पता इस तरह का

इस्तेमाल कैसे शुरू हुआ, उत्तर प्रदेश में इसका इस्तेमाल बहुत होता है। और ये सिर्फ़ मर्द या औरत के सिलसिले में ही इस्तेमाल नहीं होता, ये भी कहा जा सकता है : 'ये बकरी काबू में नहीं आती, ससुरी, पता नहीं दूध कैसे देगी।'

हिन्दी में ऐसा नहीं कहा जाता, 'मेरी ससुरी ने कहा था'...बल्कि कहा जाता है, 'मेरी सास ने कहा था'। 'ससुर' शब्द में इज़्ज़त का भाव है, इसलिए ये कहा जा सकता है कि 'ससुरी' एक तरह से अलंकार है।

नसरीन : इसकी ध्वनि भी दिलचस्प और प्यारी है।

गुलज़ार : हाँ, इसमें प्यार भी छिपा है।

नसरीन : आपका गाना 'दिल तो बच्चा है जी' सन् 2010 में फ़िल्म *इश्क़िया* में आया था और बहुत असरदार है। ये गाना आपने 'ख़ालूजान' के लिए लिखा था, इस किरदार को नसीरुद्दीन शाह ने निभाया था, एक प्यारा-सा ठग है, जिसके लिए कहा जाता है कि उसके प्यार में पड़ने की उम्र बीत चुकी है।

आपने इस गाने में बड़ी आसानी से इन लफ़्ज़ों की बाज़ीगरी की है—'हाजी', 'पीरी', 'वल्लाह'। ये अल्फ़ाज़ 'ख़ालूजान' की शख़्सियत को भी दिखाते हैं और वो जिस तहज़ीब से आते हैं—उसे भी दर्शाते हैं।

ऐसी उलझी नज़र, उनसे हटती नहीं
दाँत से रेशमी डोर कटती नहीं
उम्र कब की बरस के सुफ़ैद हो गई
कारी बदरी जवानी की छँटती नहीं
वल्लाह ये धड़कन बढ़ने लगी है
चेहरे की रंगत उड़ने लगी है
डर लगता है तन्हा सोने में जी
दिल तो बच्चा है जी
थोड़ा कच्चा है जी
हाँ दिल तो बच्चा है जी॥

नसीरुद्दीन शाह और विद्या बालन, अभिषेक चौबे की फ़िल्म *इश्क़िया* (2010) में

किसको पता था पहलू में रखा
दिल ऐसा पाजी भी होगा
हम तो हमेशा समझते थे कोई
हम जैसा हाजी ही होगा
हाय ज़ोर करे, कितना शोर करे
बेवजह बातों पे ऐंवें ग़ौर करे
दिल-सा कोई कमीना नहीं
कोई तो रोके कोई तो टोके
इस उम्र में अब खाओगे धोखे
डर लगता है इश्क़ करने में जी
दिल तो बच्चा है जी।

नसरीन : ये गाना आपने कैसे लिखा था?

गुलज़ार : देखिए, गाने का आइडिया तो स्क्रिप्ट से ही आना चाहिए। ख़ालूजान को एक जवान लड़की से प्यार हो गया है। वो बूढ़े हैं। सब उन्हें 'चचाजान' कहते हैं। वो जिस लड़की पे मर मिटे हैं, वो तक उन्हें 'अंकल' बुलाती है। पर प्यार हो जाता है। तो 'ख़ालूजान' उसे कैसे सही ठहराएँगे? वो कहते हैं कि दिल बच्चा है, वो बचपना करता है। और ऐसी सिचुएशन पर मैं कोई रूमानी गाना नहीं लिख सकता था, जैसे, 'तुम्हारी रेशमी ज़ुल्फ़ों और झील-सी गहरी आँखों ने मुझे दीवाना बना दिया है'। ऐसा कोई गाना 'ख़ालूजान' की उम्र और उनके किरदार पर फिट नहीं बैठता।

नसरीन : यानी दिल कभी बड़ा नहीं होता? उसका बचपना क़ायम रहता है?

गुलज़ार : दिल कभी बड़ा नहीं होता, ये बात थोड़ी ग़लत रोशनी में चली जाएगी। दिल सदा जवान रहता है—ये सही बात है। ये फ़र्क़ है। आपके दिल में एक मासूम बच्चा सदा क़ायम रहता है, जिसे प्यार चाहिए, जिसे प्यार की तलाश रहती है। मेरी उम्र भी वही है, जो 'ख़ालूजान' की होगी और मैं आसानी से किसी जवान लड़की के प्यार में पड़ सकता हूँ—पर यहाँ मेरी जगह पर नसीर को ये प्यार हो रहा है। *[दोनों हँस पड़ते हैं]*

नसरीन : राहत फ़तेह अली ख़ाँ बड़ी नरमी से गाते हैं, जब वो कहते हैं—'दिल तो बच्चा है जी'। एक इनसान के तौर पर वो कैसे हैं?

गुलज़ार : मैं उन्हें क्या पुकारूँ, राहत जी, राहत भाई, राहत साहब? वो बहुत ही प्यारे इनसान हैं। उन्हें ख़ुश-दिल, ख़ुश-मिज़ाज कहा जा सकता है। वो बहुत ही सादा इनसान हैं।

राहत भाई ने मेरे लिखे दूसरे गाने भी गाए हैं, पर इस गाने की सबसे यादगार बात ये है कि विशाल और मैंने ये गाना लाहौर में राहत भाई के फ़ार्म-हाउस पर रिकॉर्ड किया था, जहाँ उन्होंने एक रिकॉर्डिंग स्टूडियो बना रखा है। हम शाम को पहुँचे तो देखा कि वो हॉफ़-पैंट पहने हुए हैं और हमारा स्वागत कर रहे हैं। अब ये हॉफ़-पैंट पहनकर मिलना रूमानी गानों के एक मशहूर गायक की इमेज पर फिट नहीं बैठता ना। तो मैंने फ़ौरन एक तस्वीर खींच ली और कहा कि मैं इसे मुम्बई में दिखाऊँगा कि देखो, *इश्क़िया* का गाना गाते वक़्त इन्होंने हॉफ़-पैंट पहन रखा था।

राहत भाई का तलफ़्फ़ुज़ कमाल का है। उसमें पंजाबी रंग है। ये मिज़ाज उनके मशहूर चचा में भी था—मरहूम उस्ताद नुसरत फ़तेह अली ख़ाँ साहब में। इस गाने में एक लाइन आती है, 'उम्र कब की बरस के सफ़ेद हो गई'। राहत भाई ने इसे 'सफ़ेद' नहीं गाया है, अपनी पंजाबियत के चलते 'सुफ़ैद' गाया है। और वो बड़ा प्यारा लगता है, इससे गाने में एक बेफ़िक्री और प्यार समा गया है।

ऐसी उदासी बैठी है दिल पे
हँसने से घबरा रहे हैं
सारी जवानी कतरा के काटी
पीरी में टकरा गए हैं
दिल धड़कता है तो ऐसे लगता है वो
आ रहा है यहीं, देखता ही ना हो

प्रेम की मारे कटार रे

तौबा ये लम्हे कटते नहीं क्यों
आँखों से मेरे हटते नहीं क्यों

डर लगता है ख़ुद से कहने में जी
दिल तो बच्चा है जी।

गुलज़ार : राहत भाई ने *ओंकारा* में एक गाना गाया था—'नैना ठग लेंगे'। सिर्फ़ विशाल ही इस तरह के जुमले समझ सकते हैं—

नैनों की ज़ुबान पर भरोसा नहीं आता
लिखत-पढ़त ना रसीद ना खाता।

यहाँ मैंने जो अल्फ़ाज़ बरते हैं उनमें लोक-गीत का रंग है, विशाल की धुन पर भी वही रंग है और राहत साहब की आवाज़ में, उनके अन्दाज़ में भी वही रंग झलकता है। ये जो मेल है, ये बस हो जाता है, इसे डिज़ाइन नहीं किया जा सकता। जिस तरह नुसरत अली ख़ाँ साहब ने गाया, या जिस तरह राहत साहब गाते हैं—इस अन्दाज़ को आप डिज़ाइन नहीं कर सकते। ये पैदाइशी हुनर है। राहत साहब की यही बात उन्हें सबसे निराला बनाती है।

नैनों की मत मानियो रे, नैनों की मत सुनियो
नैनों की मत सुनियो रे, नैना ठग लेंगे
जगते जादू फूँकेंगे रे, जगते-जगते जादू
जगते जादू फूँकेंगे रे, नींदें बंजर कर देंगे

भला-मन्दा देखें ना पराया ना सगा रे
नैनों को तो डसने का चस्का लगा रे
नैनों का ज़हर तो नशीला रे

नसरीन : दिसम्बर 2016 में मैं विशाल भारद्वाज की शायरी की किताब *न्यूड* के विमोचन में गई थी। वहाँ मंच पर जो बातचीत चल रही थी, उसमें विशाल ने हँसते हुए कहा था, "मेरी कविताएँ गुलज़ार साहब की शायरी की नक़ल लगती हैं।"

उन्होंने वहाँ ये भी बताया कि कैसे आपने शायरी लिखने के लिए उनका हौसला बढ़ाया। मेरा सवाल ये है कि आपने उन्हें इस दिशा में क्यों धकेला?

गुलज़ार : विशाल मेरे बेटे की तरह है। अपने बच्चों की तरक़्क़ी देखकर अच्छा लगता है ना। *[हँसते हैं]*

हमारी मुलाक़ात क़रीब बीस साल पहले हुई थी। उस वक़्त भी वो वैसे ही जवान थे जैसे आज हैं। विशाल ऊर्जा से भरे हैं और हमेशा प्रयोग करने को तैयार रहते हैं। उन्हें शायरी की बहुत अच्छी समझ है। जब भी हम किसी गाने पर साथ में काम करते हैं तो अक्सर वो कोई लफ़्ज़ सुझाते हैं। भले वो शब्द काम आए या नहीं। पर मुझे नज़र आ जाता है कि वो सही रास्ता दिखला रहे हैं। उनके सुझाव भी काफ़ी शायराना होते हैं। मैंने विशाल को अपनी शायरी छपवाने के लिए कहा, ताकि वो सब गुम ना हो जाएँ। वो एक मौसमी शायर बनकर ना रह जाएँ। वो एक लेखक, एक 'साहिब-ए-किताब' का दर्जा हासिल कर लें।

विशाल के वालिद, राम भारद्वाज एक कवि थे और उन्होंने सत्तर और अस्सी के ज़माने में फ़िल्मों में गाने लिखे थे। विशाल के बड़े भाई, जो अब इस दुनिया में नहीं हैं, फ़िल्में बनाते थे। इसलिए विशाल फ़िल्मी दुनिया से वाक़िफ़ थे। चूँकि उनके वालिद फ़िल्मों में गाने लिखते थे, इसलिए शायरी से उनका नाता एकदम गहरा रहा है।

वैसे आपको बता दूँ कि विशाल के पास मेरे लिखे सौ-पचास मुखड़े मौजूद होंगे। कुछ ऐसे गानों के लिए—जो हटा दिए गए। कुछ फ़िल्में ही आगे नहीं बढ़ सकीं। कई बार ऐसा हुआ कि हमने उन मुखड़ों को दोबारा निकाला। विशाल कोई तीन शब्द उठा लेते हैं, जैसे कि 'नमक इश्क़ का' और कहते हैं—"क्या आप इन शब्दों से कोई मुखड़ा तैयार कर सकते हैं?"

विशाल एक अजीब शख़्स हैं, अगर उनकी कोई धुन फ़िल्म की सिचुएशन पर ठीक ना बैठे या उन्हें ये एहसास हो कि वो इससे बेहतर कर सकते हैं तो वो अपनी ही धुन को रद्द भी कर देते हैं। ये ख़ासियत मैंने किसी और में नहीं देखी। एक बार संगीतकार ने कोई गाना कम्पोज़ कर लिया, तो भले ही वो सही ना लगे, पर वो उसी में सुधार करता चला जाता है, उसे पूरी तरह रद्द नहीं करता। विशाल तो धुन को पूरी तरह हटा देते हैं, "नहीं, ये ठीक नहीं है, मैं कुछ और बनाता हूँ।"

अब इसका मतलब ये होता है कि मुझे नयी धुन के लिए, नये सिरे

से गाना लिखना होगा। सिचुएशन के मुताबिक़ अपनी बात कहने का एक नया तरीक़ा खोजना होगा।

एक ही सिचुएशन के लिए, सबसे ज़्यादा बार मैंने अगर किसी के लिए सबसे ज़्यादा गाने लिखे थे वो 'पंचम' थे, पर मुझे लगता है कि वो रिकॉर्ड टूट गया होगा। अब उनकी जगह विशाल आ गए हैं।

नसरीन : उनके संगीत के बारे में आप क्या कहना चाहेंगे?

गुलज़ार : विशाल किसी एक 'फ़ॉर्म' पर टिकते नहीं हैं। बंगाल में 'संचारी' होता है। कविता का एक ऐसा रूप जिसमें मुखड़े से अन्तरे तक का सफ़र नहीं होता, जैसा आमतौर पर एक फ़िल्मी गाने में होता है। मुखड़ा फिर अन्तरा। सिर्फ़ विशाल 'संचारी' को अच्छी तरह समझते हैं और अपने संगीत में इसका अक्सर इस्तेमाल करते हैं।

नसरीन : मैंने इंटरनेट पर 'संचारी' का हिन्दी शब्द खोजने की कोशिश की—मुझे मिला—'भटकनेवाला'। मेरे ख़याल से आप जिस 'फ़ॉर्म' की बात कर रहे हैं—ये उसके लिए एकदम सटीक शब्द है। क्या आप मुझे 'संचारी' की एक मिसाल देंगे—जो विशाल ने तैयार किया हो?

गुलज़ार : 'नमक इश्क़ का'।

नसरीन : क्या यहाँ 'नमक इश्क़ का' का मतलब 'प्यार का मसाला' है, या 'इश्क़ का नमक'?

गुलज़ार : हाँ, सही कहा आपने। मेरा मतलब इश्क़ के मसाले से ही था। पहली लाइन है—'मैं चाँद निगल गई'—जो मेरी एक किताब का उन्वान है।

नसरीन : इससे पहले कि हम इस गाने पर बात करें, मैं जानना चाहती हूँ कि इस गाने से पहले आपने एक दोहा क्यों रखा है?

गुलज़ार : दोहा गाने की जो थीम है, उसकी झलक दे देता है। आप एक 'पंच-लाइन' तैयार करते हैं, पर उसे उजागर नहीं करते हैं। आप कुछ

गुलज़ार और विशाल भारद्वाज

अल्फ़ाज़ पेश करते हैं, माहौल तैयार करते हैं, 'मैं चाँद निगल गई, ओ दैया रे दैया'। इसके बाद आता है—'लागा रे लागा, नमक इश्क़ का'। तो यहाँ पंच-लाइन मुखड़ा है।

नसरीन : क्या ये 'आलाप' की तरह है?

गुलज़ार : हाँ। आलाप में गायक पहले उस राग के नोट्स पेश करता है, जिसे वो गानेवाला है। [हम जिसे आरोही-अवरोही कहते हैं या वादी-संवादी।]

वो सुननेवालों को तैयार करता है, उन सुरों को बजाकर या गाकर सुननेवालों को राग से परिचित करवाता है, इस तरह एक माहौल तैयार करता है—एक शास्त्रीय गायक आलाप के दौरान गाने की लाइन भी पेश कर देता है, जैसे 'प्रेम की मारे कटार'। इसे उस्ताद बड़े ग़ुलाम अली ख़ाँ साहब ने गाया है। अब गायक इस पंक्ति पर काम करता है, उसे बार-बार गाता है। और दूसरी लाइन उसकी 'पंच-लाइन' होती है। कभी-कभी पहली लाइन भी 'पंच-लाइन' हो सकती है—ये गाने की बनावट से तय होता है।

[गुलज़ार साहब गाने की लाइनें पढ़ते हैं] 'नमक इश्क़ का' में लाइन आती है, 'भीतर भीतर आग जरे'—लोक-भाषा में 'जले' को 'जरे' कहते हैं। लोक-भाषा में 'ल' जो है, वो 'र' बन जाता है। 'ज़बाँ पे लागा लागा रे, नमक इश्क़ का'।

इस गाने में आगे की लाइन है—'तेज़ था तड़का का करूँ'—दाल को ज़ायक़ेदार बनाने के लिए आप 'तड़का' लगाते हैं। 'सी-सी' करती—'सी-सी' की आवाज़ तब निकलती है जब हम कुछ तीखा चख लेते हैं। आप भीतर को साँस लेते हैं। ये एहसास गाने में पिरोया गया है।

'रात भर छाना छाना रे नमक इश्क़ का'—यानी बाक़ी मसालों को छन्नी से छानकर इश्क़ का मसाला अलग किया।

मैं चाँद निगल गई दैया रे
भीतर-भीतर आग जरे
बात करूँ तो सेंक लगे
मैं चाँद निगल गई दैया रे

अंग पे ऐसे छाले पड़े
तेज़ था झोंका का करूँ
सी-सी करती मैं मरूँ
ज़बाँ पे लागा लागा रे
नमक इश्क़ का
हाय तेरे इश्क़ का
बलम से माँगा माँगा रे
नमक इश्क़ का
हाय तेरे इश्क़ का।

सभी छेड़े हैं मुझको, सिपहिए बाँके छमिए
उधारी देने लगे हैं गली के बनिए-वनिए
कोई तो कौड़ी तू भी लुटा दे
थोड़ी-थोड़ी शहद चटा दे, थोड़ी-थोड़ी
तेज़ था तड़का का करूँ
सी-सी करती मैं मरूँ
रात भर छाना रे छाना रे
नमक इश्क़ का।

गुलज़ार : रेखा भारद्वाज और राकेश पंडित ने इस गाने को गाया है। रेखा बाक़ी गायकों से एकदम जुदा हैं। मुझे याद है कि शुरुआती दौर में उन्हें काफ़ी जद्दोजहद करनी पड़ी थी। वो शास्त्रीय गायक पंडित अमरनाथ मिश्रा की शागिर्द हैं और शास्त्रीय गायकी में उनकी तैयारी ज़बरदस्त है, इसलिए लोकगीत गाना उनके लिए बड़ा आसान है।

शुरुआत में फ़िल्म-इंडस्ट्री के कुछ लोगों को लगता था कि रेखा की आवाज़ कुछ ज़्यादा ही अलग है। अब उन्हें समझ आया है कि यही अलग होना तो उनकी ताक़त है। लोगों को अपने लिए ईमानदार होना चाहिए। किसी की नकल के रास्ते पर नहीं चलना चाहिए।

रेखा की आवाज़ में एक तरह की 'रूहानियत' है, इसलिए सन् 2005 में आए मेरे ग़ैर-फ़िल्मी एलबम 'इश्क़ा-इश्क़ा' में जो सूफ़ी-गीत थे—वो

जैसे उनकी आवाज़ पाकर जी उठे। वो गानों के साथ अपनी तरह खेलती भी हैं।

नसरीन : उनकी आवाज़ भले ही चुलबुली लगे, पर वो अश्लील नहीं होती।

गुलज़ार : सही कहा, इसलिए क्योंकि उनकी आवाज़ में रूहानी रंग है। 'तेरी रज़ा, मेरी रज़ा' सुनिए तो ऐसा लगता है मानो वो गाने में खो गई हैं।

नसरीन : यहाँ 'तेरी रज़ा' का मतलब ऊपर वाले की मरज़ी से है।

तेरी रज़ा, मेरी रज़ा
तू ही मेरा क़ाज़ी
पहले भी तू, आगे भी तू
तू ही मेरा माज़ी
बीत रही है तेरी दुआ है

गुलज़ार : 'तेरी दुआ है, तेरी रज़ा है' यानी तेरा आशीर्वाद है, तेरी मरज़ी है।

सज्दे बिछे हुए हैं दर पे तेरे
तू ही है क्या काबे में
सच्ची बता
तेरी रज़ा
ना क़दम दिखे ना निशाँ पड़ा
इक ग़ुबार उठ के उतर गया
मैं क़रीब ही तन्हा खड़ा हुआ
मेरे पास से तू गुज़र गया

गुलज़ार : आपको मेरी शायरी में 'ऊपर वाले' का सन्दर्भ काफ़ी मिलेगा। मैं 'उससे' इनकार नहीं करता, पर मैं 'उसे' कुबूल भी नहीं करता। मैं

उससे सवाल करता हूँ, मैं पूछता हूँ कि वो मेरे सामने क्यों नहीं आता।

मैं अपनी एक और कविता का सार आपको बताता हूँ, जिसमें ऊपर वाले की बात है। ऊपर वाला और मैं सड़क के दो तरफ़ हैं और एक-दूसरे के सामने से गुज़र रहे हैं। मुझे पता है कि वो मुझे इशारे कर रहा है, पर वो कभी मेरी आँखों में नहीं झाँकता। ये जो मज़हब की भीड़-भाड़ है ये हमें क़रीब नहीं आने दे रही है इसलिए मुझे उस पर शक होने लगा है—"तुम मुझे देख रहे हो, या मुझसे छिप रहे हो?"

नसरीन : क्या आपको ऊपर वाले पर यक़ीन है?

गुलज़ार : मुझे उस ऊपर वाले पर यक़ीन नहीं है जो आपकी ज़िन्दगी का हिसाब-किताब करे। वो कोई मुनीम थोड़ी है *[हँसते हैं]* तो ये ऊपर वाले की आपकी परिभाषा पर निर्भर करता है। मैं ये मानता हूँ कि एक 'शक्ति' है। एक या कई कायनात का कोई एक निज़ाम है, 'सिस्टम' है।

नसरीन : आपका मतलब है ज़िन्दगी को चलानेवाली ताक़त?

गुलज़ार : आप उसे जो भी नाम देना चाहें दे सकती हैं। 'ईश्वर' उन तमाम नामों में से एक है। 'तेरी रज़ा, मेरी रज़ा' में आपको ऊपर वाले से एक अलग तरह की बातचीत मिलती है। यहाँ ईमान है, शिद्दत है और सवाल भी हैं।

सुनता रहा सहता रहा तेरे इन्तज़ार में
आया ना तू सदियाँ हुईं, चश्म-ए-अश्कबार में

नसरीन : यहाँ मैं फिर से 'नमक इश्क़ का' का ज़िक्र करूँगी, हमने बात की थी कि ये किस तरह दोहे से शुरू होता है—क्या आपको दोहे का इस्तेमाल पसन्द है—जो गाने से पहले उसके बारे में बताए, माहौल बनाए?

गुलज़ार : हाँ, लेकिन आज इसका चलन बहुत बढ़ चुका है। मैं ये कह सकता हूँ कि इसका चलन सचिन देव बर्मन जैसे संगीतकारों के ज़माने में उतना नहीं था। गाना शुरुआती संगीत से शुरू होता था और गाने की पहली पंक्ति आ जाती थी। अगर आप शुरुआती गानों पर ध्यान दें तो वो

शब्दों से नहीं शुरुआती संगीत से शुरू होते थे।

नसरीन : मुझे शकील बदायूँनी का लिखा एक गाना मिला, जो उन्होंने संगीतकार नौशाद के लिए सन् 1951 में आई फ़िल्म *दीदार* के लिए लिखा था। ये गाना मुज़्तर ख़ैराबादी के एक दोहे से शुरू होता है—मुज़्तर जावेद अख़्तर साहब के दादा थे। मोहम्मद रफ़ी ने इसे बहुत ख़ूबसूरती से गाया है—

असीर-ए-पंजा-ए-अहद-ए-शबाब कर के मुझे
कहाँ गया मेरा बचपन ख़राब कर के मुझे

इसके बाद शकील बदायूँनी के बोल आते हैं—'हुए हम जिनके लिए बरबाद'।

गुलज़ार : आपको मुज़्तर साहब के दोहे और शकील साहब के गाने के बीच एक 'कनेक्शन' नज़र आएगा। दोनों एक ही बात कह रहे हैं वरना ये दोहा इतना असरदार नहीं बन पड़ता। जैसे किसी उपन्यास में पूर्व-रंग या प्रस्तावना होती है वैसे ही दोहा गाने से पहले की बात कहता है। 'कहाँ गया मेरा बचपन ख़राब करके मुझे'...इसके बाद आता है—'हुए हम जिनके लिए बरबाद/वो हमको चाहे करें ना याद।'

मुज़्तर साहब के दोहे में जो बात है, शकील बदायूँनी साहब उसी को आगे बढ़ा रहे हैं। पर आमतौर पर गीतकार ही दोहा भी लिखता है और गाना भी। ज़्यादातर संगीतकार और फ़िल्म निर्देशक दोहा इसलिए चाहते हैं क्योंकि वो गाने को 'ओपनिंग म्यूज़िक' से शुरू नहीं करना चाहते। वो चाहते हैं कि गाने की एक बुनियाद हो, जिस पर वो परवान चढ़े। इसलिए वो दोहा रखवाते हैं और उसके बाद पंच-लाइन आती है। मुझे ज़ाती तौर पर ये लगता है कि अब इसका कुछ ज़्यादा ही इस्तेमाल हो रहा है।

नसरीन : पर इससे धुन की एक नाटकीय तरीक़े से आमद होती है। आपका ये कहना है कि इसका कुछ ज़्यादा ही इस्तेमाल हो रहा है, तो क्या हम ये मानें कि आप इसे घिसा हुआ मानते हैं?

गुलज़ार : ये मेरे हाथ में नहीं है। ये संगीतकारों के हाथ में है। मैं उनसे

कहता हूँ कि इसका इस्तेमाल कुछ ज़्यादा ही होने लगा है। शंकर महादेवन इस दोहराव के लिए सतर्क हो गए हैं—एक बार उन्होंने बताया कि मैंने जो आख़िरी चार गाने गाए हैं, उन सबमें शुरुआत में दोहा है। आजकल लोगों ने संगीत से गाना शुरू करना बन्द कर दिया है।

सलिल दा [संगीतकार सलिल चौधरी] ने एक बार मुझसे एक गाने के लिए दोहा लिखने को कहा था, 'काबुलीवाला' फ़िल्म का गाना था—'गंगा आए कहाँ से, गंगा जाए कहाँ रे'। ये गाना एक बांग्ला धुन पर आधारित था। मुझे याद है जब हम काम कर रहे थे, गीतकार राजिन्दर कृशन हमारे साथ 'म्यूज़िक रूम' में बैठे हुए थे। उन्होंने ये सुनकर कहा—"क्यों ना 'गंगा आए कहाँ से' के मुखड़े को ही दोहे की तरह इस्तेमाल कर लिया जाए?।"

उनके इस आइडिया ने मुझे बचा लिया क्योंकि उस वक़्त म्यूज़िक रूम में मेरे दिमाग़ में कुछ नहीं आ रहा था। इससे काम बन गया। इस तरह गाने में आपको हेमन्त कुमार मुखड़े को दोहे की शैली में गाते सुनाई पड़ते हैं—

गंगा आए कहाँ से, गंगा जाए कहाँ रे
आए कहाँ से, जाए कहाँ रे
लहराए पानी में जैसे धूप-छाँव रे
रात कारी दिन उजियारा मिल गए दोनों साए
साँझ ने देखो रंग-रूप के कैसे भेद मिटाए रे
लहराए पानी में जैसे धूप-छाँव रे

नसरीन : ये कितनी प्यारी बात है कि एक गीतकार ने दूसरे को कुछ सुझाया और इस तरह एक गाना तैयार हो गया। और उसमें हेमन्त कुमार की संत जैसी आवाज़।

गुलज़ार : हेमन्त दा की आवाज़ में मुझे एक 'बाउल गायक' नज़र आता है। जब मैं उनकी आवाज़ सुनता हूँ तो मन में एक तस्वीर उभरती है—नदी के किनारे एक बाउल गायक बैठा हुआ है और गा रहा है। आवाज़ गूँजती

है। पानी पर फैल जाती है, आसमान को ढक लेती है। हेमन्त कुमार की आवाज़ हर बार यही एहसास करवाती है।

मेरे ख़याल से वो इकलौते ऐसे गायक थे, जो रिकॉर्डिंग के दौरान माइक पर होते हुए, सिगरेट जला लेते थे और अपने पास एक 'ऐश-ट्रे' में उसे रख लेते थे। ज़रा इसका तसव्वुर कीजिए। वो बहुत सिगरेट पीते थे। मार्लबोरो उनका पसन्दीदा ब्रांड था। उन्हें अपने गले का ख़याल नहीं रहता था। जब रिकॉर्डिंग में गाने का इंटरल्यूड चल रहा होता तो वो एक कश लगा लेते थे। एक बार मैंने उनसे इसकी वजह पूछी थी, उन्होंने कहा था, इससे उनकी आवाज़ के दाने सहज रूप से उभर आते हैं। ऐसे थे हेमन्त कुमार। हर मायने में एक क़द्दावर इनसान। उनके साथ काम करना मेरी ख़ुशनसीबी थी।

नसरीन : जब आप किसी फ़िल्म के लिए गाने लिखते हैं तो उस टीम में कितना शामिल हो जाते हैं?

गुलज़ार : फ़िल्म बनने की प्रक्रिया में आप बाहर से काम नहीं कर सकते। आपको टीम में शामिल होना ही पड़ता है। आपको अपनी भूमिका निभानी पड़ती है, भले ही इसके लिए आपको गाने को दस बार ही क्यों ना लिखना पड़े। मैंने ऐसा किया है। कभी-कभी मैं उकता भी जाता हूँ, ख़ासतौर पर जब निर्देशक और विकल्प माँगता चला जाता है। हम कोई छोले-भटूरे तो पका नहीं रहे हैं। गाने लिखना एक संजीदा काम है।

नसरीन : हाँ, गायकों के बारे में क्या राय है? क्या वो भी इस पूरी प्रक्रिया का हिस्सा होते हैं?

गुलज़ार : लता जी और आशा जी हमेशा उस किरदार की उम्र पूछती हैं, जिसके लिए वो गा रही हैं—लेकिन ये बहुत ही नायाब बात है। ऐसा कम होता है। किसी और गायक-गायिका ने मुझसे कभी ये सवाल नहीं पूछा।

नसरीन : अच्छा, तभी तो जिन कलाकारों के लिए उन्होंने अपनी आवाज़ दी, उन पर हमेशा वो कितनी सही बैठती रही है। क्या किशोर कुमार भी

आपसे कभी उस किरदार के बारे में नहीं पूछते थे जिसके लिए वो गा रहे हैं?

गुलज़ार : नहीं, मुझे तो ऐसा याद नहीं कि कभी पूछा हो। रफ़ी साहब मुझसे पूछते थे कि गाने की सिचुएशन क्या है और कौन-सा अदाकार उसे स्क्रीन पर गानेवाला है--फिर वो उस तरह से गाने की अदायगी करते थे। जैसे कि जॉनी वॉकर के लिए अलग, राजेन्द्र कुमार के लिए अलग। इस तरह वो एक क़ाबिल और मुकम्मल गायक थे।

नसरीन : क्या आपको लगता है कि हिन्दी और उर्दू के गाने जिस तरह गाये जाते रहे हैं, उससे हिन्दी बोलने की जो अलग-अलग शैलियाँ हैं वो झलक नहीं पाईं। सब कुछ एक जैसा ही गाया जाता रहा है। मिसाल के लिए, क्या आप किसी ख़ास इलाक़े के असर वाला कोई गाना याद कर पाते हैं?

गुलज़ार : आपको कई जगह ऐसा इलाक़ाई असर मिलेगा। मिसाल के लिए, लता जी और भूपेन दा [भूपेन्द्र हजारिका] दोनों ने कल्पना लाजमी की फ़िल्म *रुदाली* के लिए 'दिल हूम हूम करे' का अपना-अपना वर्ज़न अलग गाया था। अगर आप दोनों संस्करणों को सुनें तो आपको 'टोन' में फ़र्क़ समझ आ जाएगा। भूपेन दा की रग-रग में असमिया लोक-संगीत समाया हुआ था और जिस तरह वो 'हूम-हूम' गाते हैं—उसकी झलक आपको मिल जाती है।

दिल हूम-हूम करे, घबराए
दिल हूम-हूम करे, डरजाए
घन धम-धम करे, गरजाए
एक बूँद कभी पानी की मोरी अँखियों से बरसाए।

नसरीन : हमने बात की कि किस तरह फ़िल्मी गीत को कहानी की उँगली पकड़कर चलना चाहिए। क्या हम इस गाने की मिसाल लेकर बात कर सकते हैं कि कहानी को ये किस तरह साथ लेकर चलता है?

गुलज़ार : *रुदाली* एक कहानी है जिसे मशहूर बांग्ला लेखिका महाश्वेता देवी ने लिखा था। फ़िल्म इसी कहानी पर बनी है। चूँकि मैंने इस फ़िल्म की पटकथा और संवाद लिखे थे, मुझे उस भाषा की बारीकियाँ पता थीं।

रुदाली राजस्थान की कहानी है और इसकी नायिका है शनीचरी [डिम्पल कपाड़िया]। वो एक दलित स्त्री है जो एक पेशेवर रुदाली बन जाती है। *रुदाली* वो स्त्रियाँ होती हैं जिन्हें ऊँची जाति के लोगों के अन्तिम संस्कार के समय रोने के लिए किराए पर बुलाया जाता है। असल में ऊँची जाति के लोगों के लिए रोना या अपने जज़्बात दिखाना ख़ानदान की हैसियत के लिए हल्का माना जाता है। तो ये जो लाइन है 'एक बूँद कभी पानी की...' ये शनीचरी के दिल की तकलीफ़ को उजागर करती है। वो ख़ुद एक *रुदाली* है पर अपने दुखों पर उसे आँसू ही नहीं आते। गाने का जो मुखड़ा है—'दिल हूम-हूम करे'...ये उसके दिल की बेचैनी को दिखाती है।

तेरी झोरी डारूँ, सब सूखे पात जो आए
तेरा छूआ लागे, मेरी सूखी डार हरियाए

ये लाइनें शनीचरी के युवा ज़मींदार लक्ष्मण सिंह से रिश्ते के बारे में बताती हैं। इनमें लक्ष्मण सिंह के लिए उसके जज़्बात दिखाए गए हैं—ये जज़्बात लक्ष्मण सिंह के भी हैं। सूखे पात शनीचरी की उदासी का संकेत हैं, और अगर वो उन्हें लक्ष्मण को दे देती है—तो उसका दुख हल्का हो जाता है।

अगले अन्तरे में शनीचरी के ज़मींदार के लिए दबे हुए जज़्बात को उजागर किया गया है। शनीचरी अछूत है लेकिन लक्ष्मण सिंह रेगिस्तान में उसके हाथ से पानी पीना कुबूल करता है और उस दिन उसे छूता है। दोनों को पता है कि एक अछूत को छू लेना ठीक नहीं है। इसलिए गाने की लाइन 'जिस तन को छुआ तूने...' उस दृश्य की बात करती है।

जिस तन को छुआ तूने, उस तन को छुपाऊँ
जिस मन को लागे नैना, वो किस को दिखाऊँ

ओ मोरे चन्द्रमा, तेरी चाँदनी अंग जलाए
तेरी ऊँची अटारी मैंने पंख लिये कटवाए
दिल हूम हूम करे, घबराए

गुलज़ार : 'तेरी ऊँची अटारी'...लक्ष्मण सिंह की हैसियत और उसकी ऊँची जाति की तरफ़ इशारा करता है। वो उसकी बराबरी कैसे कर सकती है? फ़िल्म में शनीचरी ये गीत लक्ष्मण सिंह और उसके पिता [अमजद ख़ान] की मौजूदगी में गाती है। लक्ष्मण सिंह को इस गाने के छिपे हुए मायने समझ में आते हैं।

मुझे लगता है कि जब लोग फ़िल्मी गानों के बारे में लिखते हैं तो उन्हें उस भाषा के बारे में पता होना चाहिए, उन्हें ये भी पता होना चाहिए फ़िल्में कैसे बनती हैं। आप किसी फ़िल्म से किसी भी तरह जुड़िए, इससे आपको समझ में आएगा कि फ़िल्में कैसे बनती हैं। एक बाहरी व्यक्ति की तरह जब आप लिखते हैं तो आपको मुकम्मल तस्वीर पता नहीं होती।

नसरीन : जिस तरह आपने 'दिल हूम-हूम करे' गाने को फ़िल्म की कहानी से जोड़कर बताया, उससे गाने और उसके कहानी से रिश्ते को समझने में हमें बहुत मदद मिली।

बल्कि मैं तो ये भी कहूँगी कि ये गाना फ़िल्म की कहानी से इतर भी बड़ा ही मानीख़ेज़ है। हम जानते हैं कि इसके दो संस्करण हैं। एक पुरुष संस्करण और महिला संस्करण। जब आप पुरुष और महिला के लिए अलग-अलग लिखते हैं तो किस तरह की चुनौतियों का सामना करना पड़ता है?

गुलज़ार : दो वर्ज़न कहानी की माँग थे, हालाँकि दोनों गानों की फ़िल्म में जगह अलग-अलग है। दो संस्करण लिखते हुए मुझे कुछ लाइनें दूसरी बदलनी पड़ीं और जेंडर के हिसाब से बदलाव करना पड़ा। कभी-कभी तो संगीतकार धुन भी बदल देते हैं, ताकि गाने का एक नया रूप सामने आ जाए।

नसरीन : जब एक संगीतकार अपने ही बनाए गाने को गाता है, जैसे कि

यहाँ भूपेन हज़ारिका ने 'दिल हूम हूम करे' गाया—क्या इसका फ़ायदा मिलता है?

गुलज़ार : जी हाँ, बहुत फ़ायदा मिलता है, क्योंकि गाना उन्होंने ख़ुद बनाया है। एक संगीतकार को उन सुरों की बारीकियाँ पता होती हैं—जो उसने धुन में इस्तेमाल किए हैं। इसलिए तो सलिल चौधरी, सचिन देव बर्मन या राहुल देव बर्मन और भूपेन हज़ारिका के बनाए गाने सौ फ़ीसदी उस मिजाज में नहीं गाए जा सकते—जिसमें उन्होंने उन्हें तैयार किया होगा। यहाँ तक कि जो सबसे उम्दा गायक भी होते हैं—वो गाने को अपने तरीक़े से गाते हैं। हमेशा थोड़ा-सा फ़र्क़ ज़रूर आ जाता है। एक गायक, जैसे आशा जी को ही ले लीजिए, उनके लिए ये सहज है कि वो गाने को अपना बना लें। गाने में उनकी शख़्सियत उतर आए। बात ये है कि गाने कोई कम्प्यूटर तो गाता नहीं है, इनसान ही गाते हैं ना।

जो कलाकार होते हैं, चाहे वो गायक हों, पेंटर हों या संगीतकार—उनका मिज़ाज उनके काम में उतर ही आता है। जब आप सलिल चौधरी का कोई गीत सुनते हैं तो आपको पता चल जाता है कि ये सलिल चौधरी का संगीत है। अब जैसे आपका लिखा या आपका अनुवाद किया हुआ या आपके तैयार किए सब-टाइटल अगर लोग पढ़ते हैं तो उन्हें पता चल जाता है कि ये तो नसरीन मुन्नी कबीर की स्टाइल है। आपके अल्फ़ाज़ से उन्हें पता चल जाता है। इसलिए मैं जिन अल्फ़ाज़ का इस्तेमाल करता हूँ वो दूसरे गीतकारों से अलग होंगे। एक बार जावेद अख़्तर ने मुझसे कहा था—

> "जब मैं कोई गाना सुनता हूँ तो पहली ही लाइन से समझ में आ जाता है कि ये आपका लिखा हुआ है।"

ये एक बेहतरीन तारीफ़ है, क्योंकि अपना एक मुहावरा तैयार करना, अपने शैली बनाना आसान काम नहीं है। जावेद साहब ख़ुद एक शायर हैं, एक बेहतरीन गीतकार हैं, इसलिए उनकी बात मेरे लिए मायने रखती है। मैंने उनकी शायरी पढ़ी है और मुझे भी पता चल जाता है कि ये जावेद साहब का गाना है। मिसाल के लिए उन्हें उपमाएँ बहुत पसन्द हैं। मैं इन्दीवर, हसरत जयपुरी और शकील बदायूँनी के गानों को भी पहचान सकता हूँ। दरअसल उनके जो शब्द हैं वो इसका सुराग़ दे देते हैं।

नसरीन : आपने कई शायरों के काम का हिन्दी/उर्दू में अनुवाद किया है। और हाल ही में आपने अपने उपन्यास 'टू' का अनुवाद अंग्रेज़ी में किया है। मुझे ये बताइए कि एक गाना लिखने की बजाय एक कविता का अनुवाद करना कितना अलग काम है?

गुलज़ार : जब मैं किसी कविता का अनुवाद करता हूँ, तो मैं किसी ख़ास छवि में बँधा हुआ नहीं रहता। उस कविता ने मेरे भीतर तो जज़्बात जगाए हैं, मैं उनके मुताबिक़ ही अनुवाद करता हूँ। अनुवाद का मतलब अल्फ़ाज़ के सीधे मायने पेश करना नहीं है। तर्जुमा असल में किसी कविता की थीम पर ज़्यादा टिका होता है। जबकि कोई गाना अल्फ़ाज़ पर ज़्यादा टिका होता है क्योंकि अल्फ़ाज़ ही स्क्रीन पर नज़र आ रही तस्वीरों और कहानी से गाने को जोड़ते हैं।

नसरीन : कई बार लोग अनुवाद करते हुए मूल कविता या गाने की तुकबन्दी से मिलान करने की कोशिश करते हैं। मुझे ये बात सही नहीं लगती है, आपका इस बारे में क्या कहना है?

गुलज़ार : तुक मिलाने से आप बँध जाते हैं। लाचार हो जाते हैं। आपको अपने तर्जुमे में ज़बरदस्ती अल्फ़ाज़ ठूँसने पड़ते हैं और ज़रूरी नहीं कि इससे वो असर क़ायम हो पाएगा। ये सच है कि कविता की बुनियादी शुरुआत तुक मिलाने से हुई थी पर जैसे-जैसे वो आगे बढ़ती चली गई, वो तुक से बाहर आती गई। मेरा मानना है कि किसी कविता में उसके मायने और विचार ज़्यादा मायने रखते हैं, ना कि उसे किसी तुक में बाँधना।

कविता में ब्लैंक वर्स होता है और फ़्री वर्स होता है। हिन्दी में कहें तो अतुकान्त और मुक्त छन्द वाली कविता। जबकि कुछ ऐसी कविताएँ होती हैं जो गद्य-कविता कहलाती हैं—इन्हें उर्दू में 'नस्री नज़्म' कहते हैं। इनमें कोई मीटर नहीं होता है जबकि ब्लैंक वर्स और फ़्री-वर्स में मीटर होता है।

ज़ाती तौर पर मुझे मीटर में रहना पसन्द है क्योंकि इससे अदायगी बेहतर हो जाती है कम-से-कम इसमें शायरी की लय तो आती है। पर इसमें सबकी अपनी-अपनी पसन्द है। वैसे भी लिखना कोई मजबूरी तो है नहीं—ये एक कला है, एक पेशा है।

नसरीन : कला? या प्रेरणा?

गुलज़ार : ये कारीगरी ज़्यादा है। प्रेरणा कम। जो जितना ज़्यादा अभ्यास करेगा, इस पेशे में उतना माहिर होता चला जाएगा।

नसरीन : मैंने बहुत सारे संगीतकारों से पूछा है कि संगीत ने उन्हें क्या दिया है, क्या मैं आपसे पूछ सकती हूँ कि शायरी ने आपको क्या दिया है?

गुलज़ार : ये वो ज़रिया है, जिससे मैं अपने एहसास को ज़ाहिर कर पाता हूँ। एहसास पहले, सोच या ख़याल बाद में।

नसरीन : क्या हर व्यक्ति के एहसास उसकी शायरी में मौजूद होते हैं?

गुलज़ार : हाँ। जिसने भी लता जी या रफ़ी साहब की तरह गाने की कोशिश की, वो कभी लता या रफ़ी नहीं बन पाया। अच्छा मुझे ये बताइए कि क्या कोई हमारे महान गायकों जितनी कामयाबी हासिल कर पाया है। जैसे मुकेश जी, आशा जी, किशोर कुमार या गीता दत्त? अपना अलग अन्दाज़ खोजना पड़ता है। अपना अलग मुहावरा।

अरे याद आया, क्या आपको पता है कि रफ़ी साहब एक फ़िल्म में भी नज़र आए थे?

नसरीन : जी हाँ, सन् 1947 में फ़िल्म 'जुगनू' में दिलीप कुमार के साथ। रफ़ी साहब एक सीन में ये गाते हुए नज़र आए थे—'वो अपनी याद दिलाने को एक इश्क़ की दुनिया छोड़ गए/ जल्दी में लिपस्टिक भूल गए, रूमाल पुराना छोड़ गए।' कुछ इसी तरह का था ना। ये मुझे बड़ा ही अनूठा मॉडर्न कंसेप्ट लगता है। ये लाइनें तो आज के ज़माने में लिखी जा सकती हैं।

गुलज़ार : सही कहा आपने।

नसरीन : जब मैं लिखने की आपकी शैली/स्टाइल को देखती हूँ, तो मुझे लगता है कि आप एक अमूर्त एहसास को बयाँ करते हुए उसे सच्चाई और हक़ीक़त से जोड़ते हैं। मुझे आपकी किताब याद आती है, 'चौरस रात'। आप रात को 'चौरस' कहते हैं। अमूर्त कहते हैं। ये एकदम ताज़ा उपमा लगती है।

शायद ये जो चीज़ों का अनूठा-सा जोड़ है, इसी से गुलज़ार साहब की स्टाइल को पहचाना जा सकता है।

गुलज़ार : ऐसा मैं जान-बूझकर नहीं करता हूँ, 'दानिस्ता जिसे कहते हैं...'। ये मैं ख़ुद नहीं करता। ये अपने-आप हो जाता है।

नसरीन : आपकी ख़ास शैली आपके सारे गानों में मौजूद है। ये 'चल छैंयाँ छैंयाँ' में एक अलग मोड़ ले लेती है। मुझे ये हर कोण से एक बहुत ही अनूठा गीत लगता है। आपके बोल, मणिरत्नम का निर्देशन, रहमान का संगीत, संतोष सिवन की फ़ोटोग्राफ़ी, फ़राह ख़ान की कोरियोग्राफ़ी, शाहरुख़ ख़ान और मलाइका अरोरा की अदायगी, सुखविन्दर सिंह और सपना अवस्थी की आवाज़ें, और उस पर हरे-भरे ऊटी के पहाड़ों पर दौड़ती ट्रेन—इन सबने मिलकर इसे सिनेमा की एक कभी ना भूलनेवाली छवि बना दिया था।

गुलज़ार : जब शाहरुख़ ने ये गाना सुना, तो उसे फ़ौरन पसन्द आ गया। मेरा अन्दाज़ा है कि ये जो शब्द थे—'छैंयाँ छैयाँ'...इनसे ही शायद छुक-छुक करती ट्रेन का ख़याल उन लोगों को आया होगा। *[दोनों हँसते हैं]*

नसरीन : मेरा मानना है कि राजकपूर की फ़िल्म 'श्री 420' में शैलेन्द्र के लिखे गाने 'मेरा जूता है जापानी' के बाद 'छैंयाँ छैंयाँ' ऐसा गाना है जिसकी शोहरत दुनिया भर में फैल गई है। लाखों लोग इसे एक 'ट्रेन गीत' के तौर पर याद करते हैं। सर एंड्रयू लॉयड वेबर ने एक इंटरव्यू में कभी कहा था कि उन्होंने यू.के. में चैनल 4 TV पर *दिल से* के इस गाने का एक क्लिप देखा था। बस इसके बाद उन्हें रहमान के साथ काम करने की प्रेरणा मिली। और इसी वजह से लन्दन में 'बॉम्बे ड्रीम्स' जैसा प्रोडक्शन तैयार हो सका। यहाँ तक कि ये गाना स्पाइक ली की 2006 में आई फ़िल्म *इनसाइड मैन* के शुरुआती क्रेडिट्स में भी दिखाया गया था।

मुझे याद है कि जब *इनसाइड मैन* रिलीज़ हुई तो मैंने टोरंटो में उसे देखा था, और जब फ़िल्म की शुरुआत में ये गाना सुनाई दिया, तो दो जवान लड़कियाँ, जिन्होंने बुरक़ा पहन रखा था, अपनी सीट से उछल पड़ीं—'शाहरुख़ ख़ान'। आप कनाडा की जनता के रिएक्शन का अन्दाज़ा

लगा सकते हैं, जो एकदम ख़ामोश रह गई थी। *[दोनों हँसते हैं]*

मैं जब इस गाने का अंग्रेज़ी में अनुवाद कर रही थी तो मुझे ख़ासी दिक़्क़त आई। मैं आपका शुक्रिया अदा करना चाहूँगी कि आपने मेरी मदद की। वरना इंटरनेट पर तो जो अनुवाद थे—उनमें 'शैडो' शब्द इतना ज़्यादा था कि क्या कहूँ।

गुलज़ार : असल में 'शैडो' सही लफ़्ज़ नहीं है, सही लफ़्ज़ है—'शेड'।

जिनके सर हो इश्क़ की छाँव
पाँव के नीचे जन्नत होगी
जिनके सर हो इश्क़ की छाँव
चल छैंयाँ छैंया छैंया छैंयाँ
सर-ए-इश्क़ की छाँव चल छैंया छैंयाँ
पाँव जन्नत चले चल छैंयाँ छैंयाँ
चल छैंयाँ छैंया छैंया छैंयाँ

वो यार है जो ख़ुशबू की तरह
जिसकी ज़ुबाँ उर्दू की तरह
मेरी शाम रात मेरी कायनात
वो यार मेरा सैंयाँ सैंयाँ
चल छैंयाँ छैंया छैंया छैंयाँ

नसरीन : मैं 'गुलपोश' पर अटक गई थी, ये गाने की सबसे मुश्किल लाइन है। पर जब आपने इसके मायने बताए तब मुझे समझ आया, गुलपोश यानी फूलों की पोशाक वाली। यहाँ ऊपर वाले के बारे में कहा जा रहा है।

गुलपोश कभी इतराये कहीं
महके तो नज़र आ जाए कहीं
तावीज़ बनाकर पहनूँ उसे
आयत की तरह मिल जाए कहीं
वो यार है जो ईमाँ की तरह

मेरा नग़मा वही, मेरा कलमा वही

यार मिसाल-ए-ओस चले
पाँवों के तले फ़िरदौस चले
कभी डाल-डाल कभी पात-पात
मैं हवा पे ढूँढूँ उसके निशाँ
सर-ए-इश्क़ की छाँव चल छैंया छैंयाँ
पाँव जन्नत चले चल छैंयाँ छैंयाँ
चल छैंयाँ छैंया छैंया छैंयाँ॥

मैं उसके रूप का शैदाई
वो धूप-छाँव सा हरजाई
वो शोख़ है रंग बदलता है
मैं रंग-रूप का सौदाई

जिनके सर हो इश्क़ की छाँव
पाँव के नीचे जन्नत होगी
मेरी शाम रात मेरी कायनात
चल छैंयाँ छैंया छैंया छैंयाँ॥

नसरीन : मैं तबला-नवाज़ ज़ाकिर हुसैन से बात कर रही थी, इस लाइन के बारे में, 'गुलपोश कभी इतराए कहीं, महके तो नज़र आ जाए कहीं'। उन्होंने कहा कि शायद इसमें गुलज़ार साहब किसी सूफ़ी संत की दरगाह की बात कर रहे हैं—क्योंकि अक्सर उसे फूलों से ढक दिया जाता है।

गुलज़ार : हालाँकि इस लाइन से दरगाह का ख़याल आ सकता है, पर मेरा यहाँ ये कहना है कि ख़ुदा फूलों के बीच छिपा है। 'गुलपोश' का मतलब होता है—'उसने फूलों की पोशाक पहन रखी है'। जब हम रूहानियत की बात करते हैं तो इस तरह की अमूर्त छवियाँ गढ़ सकते हैं।

नसरीन : 'फूलों की पोशाक'...वाह क्या बात है।

गुलज़ार : अगली लाइन है—'महके तो नज़र आ जाए कहीं'। यानी जब महक फैलती है तो मुझे पता चल जाता है कि ख़ुदा कहाँ छिपा हुआ है।

नसरीन : अगर मैंने ठीक से समझा है, तो आपके कई गाने ऐसे हैं जो 'एहसास के तजुर्बे' की बात करते हैं। वो घटनाओं का ब्योरा पेश नहीं करते।

गुलज़ार : *[रुकते हैं]* एकदम सही।

मैं कोई उपमा नहीं देना चाहता हूँ। मैं कोई छवि भी नहीं दिखाना चाहता हूँ। मैं एहसास के तजुर्बे को रचना चाहता हूँ। और वो एहसास क्या है? हो सकता है कि मैं किसी छवि को पकड़ने में लड़खड़ा रहा हूँ—तो ये जो लड़खड़ाहट है, ये भी एक एहसास बन जाती है।

नसरीन : क्या आप मुझे किसी पुराने गाने की मिसाल दे सकते हैं जहाँ आपने एहसास के तजुर्बे को अमूर्त छवियों के ज़रिये दिखाया हो?

गुलज़ार : अब इसी गाने को ले लीजिए, 'हमने देखी है उन आँखों की महकती ख़ुशबू'। इसमें 'आँखों की महकती ख़ुशबू' इस गाने को अमूर्त ही तो बना देती है।

मैं आपको जगजीत सिंह के एक गाने की मिसाल देता हूँ—'तेरे ख़याल की आबो-हवा में जीते हैं'। आबो-हवा का मतलब होता है माहौल, पर अगर आप दोनों अल्फ़ाज़ यानी 'आब' और 'हवा को अलग-अलग कर दें तो इनका मतलब होता है 'पानी' और 'हवा'। अब अगर कोई कहे कि मैं तुम्हारे ख़यालों के पानी और हवा में रहता हूँ—तो ये अमूर्त बात हो गई ना। इसलिए शायरी में अल्फ़ाज़ के एकदम सीधे यानी लफ़्ज़ी-मायने नहीं लेना चाहिए।

जब मैं 'आँखों की महकती ख़ुशबू' की बात करता हूँ—तो मैं सचमुच की ख़ुशबू की बात नहीं कर रहा हूँ। आँखें तो शब्दों का इस्तेमाल नहीं करतीं पर फिर भी वो ग़ुस्सा, नफ़रत और प्यार दिखाती हैं—जिस तरह आँखें बातें करती हैं—उनकी एक ख़ास अदा और मिज़ाज होता है। तो क्या जब आप नाज़ुक और प्यार-भरी आँखें देखती हैं—वो मिज़ाज आपको दिखता है कि नहीं? पता नहीं क्यों, इस गाने को लेकर लोगों ने बहुत

आलोचना की—'समझ नहीं आता आपको आँखों में महकती ख़ुशबू कैसे नज़र आ गई?'

नसरीन : ये काफ़ी जज़्बाती गाना है—और लता जी की आवाज़, हेमन्त कुमार की धुन इसे और भी असरदार बनाती है। आपकी जो अमूर्त कल्पना है—वो इसे नायाब बनाती है।

हमने देखी है उन आँखों की महकती ख़ुशबू
हाथ से छू के इसे रिश्तों का इल्ज़ाम ना दो।
सिर्फ़ एहसास है ये रूह से महसूस करो
प्यार को प्यार ही रहने दो कोई नाम ना दो।

प्यार कोई बोल नहीं प्यार आवाज़ नहीं
एक ख़ामोशी है सुनती है कहा करती है
ना ये बुझती है ना रुकती है ना ठहरी है कहीं
नूर की बूँद है सदियों से बहा करती है
सिर्फ़ एहसास है ये रूह से महसूस करो
प्यार को प्यार ही रहने दो कोई नाम ना दो।

मुस्कुराहट-सी खिली रहती है आँखों में कहीं
और पलकों पे उजाले से झुके रहते हैं
होंठ कुछ कहते नहीं काँपते होंठों पे मगर
कितने ख़ामोश से अफ़साने रुके रहते हैं
सिर्फ़ एहसास है ये रूह से महसूस करो
प्यार को प्यार ही रहने दो कोई नाम ना दो।

नसरीन : एक बार आपने मुझे बताया था कि हेमन्त कुमार इस गाने को गानेवाले थे, ना कि लता मंगेशकर, क्या ये सही है?

गुलज़ार : हाँ, पर हेमन्त दा ने मना कर दिया था, बोले—

'नहीं, सिर्फ़ लता ही है, जो इस गाने को गा सकती है, मैं नहीं

गाऊँगा, लता ही गाएगी।'

मैंने एतराज़ किया—

"दादा, ये कैसे मुमकिन है? ये गाना तो एक मर्द के नज़रिये से लिखा गया है। एक हीरोइन अपने आशिक़ के बारे में इस तरह कैसे बोल सकती है? ये तो बहुत ही ज़नाना तस्वीर खींचता है। क्या आप कभी ऐसे आदमी से मिले हैं जिसकी आँखें महकती हों?" *[हँसते हैं]*

मैं हमेशा कहता आया हूँ कि लता किसी भी गाने का जेंडर बदल सकती हैं और आज तक किसी ने ये सवाल नहीं पूछा कि किसी पुरुष गायक ने ये गाना क्यों नहीं गाया। ये है लता की ख़ासियत।

नसरीन : जब उन्होंने गाने के बोल पढ़े, तो क्या उन्हें लगा कि महकती आँखों वाली ये बात ज़रा-सी अजीब है?

गुलज़ार : नहीं। उन्होंने कुछ नहीं कहा, ना ही हेमन्त दा ने कुछ कहा, क्योंकि उन्हें शायरी की समझ थी। वो टैगोर के गीतों को गानेवाले महान गायकों में से एक थे। उन्हें रूपकों की समझ थी। दरअसल इस छवि पर एतराज़ तो आलोचकों ने किया।

"क्या ये नई तरह की शायरी है? इसमें शायरी कहाँ है? क्या इसका मतलब ये है कि आप जो मरज़ी आएगी लिखते चले जाएँगे?"

नसरीन : मैं जानना चाहती हूँ कि आपके गानों के जो अनुवाद इंटरनेट पर मिलते हैं, उनके बारे में आपको क्या लगता है। बहुत सारे लोग जोश में आकर आपके गानों का अंग्रेज़ी अनुवाद करते रहते हैं। कुछ तो अच्छे होते हैं, कुछ बहुत ही अजीब-से और कुछ को पढ़कर तो हँसी आती है।

गुलज़ार : उन्हें अपना काम करने दीजिए। मैं उन्हें क्यों रोकूँ? मेरे पास इतना वक़्त नहीं है कि मैं हर किसी के लिए अपने गानों का अनुवाद करता रहूँ। इसलिए वो अपनी समझ के मुताबिक़ अनुवाद कर रहे हैं।

नसरीन : मैंने तो ये भी देखा है कि कुछ लोग शायरी लिखते हैं और आपके नाम से इंटरनेट पर और फ़ेसबुक पर डाल देते हैं। क्या ये सही है?

गुलज़ार : फ़ेसबुक ही क्यों? अब तो ऐसी कविताएँ मोबाइल पर घूमती हैं। व्हाट्सएप तो इनसे भरा पड़ा है। कभी-कभी तो ये नकली कविताएँ मुझे ही फ़ॉरवर्ड कर दी जाती हैं। मेरा ही कोई दोस्त कहीं कोई शायरी पढ़ता है और मुझे भेज देता है, बल्कि वो तारीफ़ भी करता है।

कुछ ऐसे भी दोस्त हैं जिन्हें जब भी ये नकली कविताएँ इंटरनेट पर मिलती हैं तो वो मुझे मेल कर देते हैं। नब्बे फ़ीसदी मौक़ों पर ये होता है कि ये मेरी लिखी हुई नहीं होतीं। मुझे इससे बहुत तकलीफ़ होती है। वो इस तरह की नकली शायरी के लिए मेरे ही लिखे से कुछ शब्द उठा लेते हैं, और उसके बाद उससे अपना कुछ गढ़ लेते हैं। मैं तो इस तरह की शायरी को शायरी ही नहीं मानता। वो बहुत ख़राब लिखी हुई होती हैं। मेरी तो इल्तिजा यही रहती है कि प्लीज़, इस पर अपना ही नाम लिखिए और मुझे नक्काल मत बनाइए।

मेरे दोस्त सलीम आरिफ़ ने एक फ़ेसबुक पेज शुरू किया है जहाँ वो मेरी असली कविताएँ डालते हैं। हर रोज़ एक कविता। उन्होंने इस पेज को नाम दिया है—'Don't go by the look, Go buy the book' यानी 'दिखावट पर मत जाइए/ असली शायरी की किताब ख़रीदिए।'

नसरीन : ये तो बहुत शानदार कमेंट है। *[दोनों हँसते हैं]*

गुलज़ार : सलीम आरिफ़ मानते हैं कि जो लोग इस नकली शायरी के लिए ज़िम्मेदार हैं, उन्होंने मेरी शायरी के बारे में सुना है, उसे पढ़ा नहीं है। पर अगर उन्होंने मेरी कविताएँ पढ़ी नहीं हैं, तो फिर वो उनमें से अल्फ़ाज़ या लाइनें कैसे निकाल लेते हैं? उन्हें ये बात बतानी चाहिए कि ये कहाँ से मिला। इसकी बजाय वो मेरे नाम पर ख़राब शायरी लिखते चले जाते हैं।

एक दिन दो लड़कियाँ मेरे घर के दरवाज़े पर आईं। वो एक कविता और केक पहरेदार के पास छोड़ गईं। केक एक कविता की कामयाबी के नाम था, जिसने व्हाट्सएप पर एक बरस पूरा कर लिया था। वो कविता मेरी नहीं थी।

नसरीन : आप ऐसी अजीब सिचुएशन पर क्या करते हैं?

गुलज़ार : मैंने वो कविता पवन झा को भेज दी, जो मेरा फ़ेसबुक पेज

गुलज़ार के साथ लता मंगेशकर और आर.डी. बर्मन

सँभालते हैं और मेरी वेबसाइट gulzaronline.com भी। अब तो जब भी उनके पास कोई नकली कविता आती है, वो उस पर लिख देते हैं NBG—'Not By Gulzar'.

वैसे आपको बता दूँ कि पवन झा ने जब वो कविता फ़ेसबुक पर पोस्ट की, जिसे वो दो लड़कियाँ छोड़ गई थीं, तो एक महिला ने उनसे सम्पर्क किया और कहा कि ये कविता उन्होंने लिखी है। पर अब ये गुलज़ार साहब के नाम से मशहूर हो गई है, इसलिए अब उस महिला को इसे लिखने का श्रेय नहीं दिया जाता। जब पवन ने उनसे पूछा कि आपने विरोध क्यों नहीं किया तो उन्होंने बताया—

> "इंटरनेट पर लोगों की प्रतिक्रिया बहुत ज़्यादा आक्रामक होती है, इसके अलावा इस कविता को एक शख़्स से दूसरे शख़्स तक हज़ारों बार भेजा जा चुका है। अब मैं कर ही क्या सकती हूँ?"

नसरीन : इसका मतलब संचार की ये नई दुनिया अपने साथ बहुत सारी रचनात्मक बेईमानी लाई है। मैं सहमत हूँ, ये तो आपके काम की बेइज़्ज़ती है।

गुलज़ार : लोगों को ज़रा भी शर्म नहीं आती। अगर कोई शायर ही बनना चाहता है, तो चाहे उसकी शायरी कितनी ही कच्ची क्यों ना हो—एकदम सिफ़र से शुरू किया जाए, पर अपने नाम से उसे पेश किया जाए। दूसरों की नक़ल या दूसरों का झूठा नाम क्यों। चूँकि मैं आसान ज़बान का इस्तेमाल करता हूँ, लोग मानते हैं कि कोई भी लिख सकता है। तो क्यों ना हम ही आज़माएँ?

नसरीन : आपकी आसान ज़बान असल में इतनी आसान नहीं है, ख़ासतौर पर अनुवाद करते वक़्त मुझे ये बात समझ में आती है। मेरा कहना ये है कि आपके काम में आपकी ज़हनियत किस क़दर चमकती है!

ये तो वैसा ही है कि कोई कुछ भी लिखे और उसके नीचे ग़ालिब का नाम लिख दे। मुझे पता है कि आप तो सपने में भी ऐसा करने के बारे में सोच नहीं सकते।

गुलज़ार : अगर मैं ग़ालिब के नाम से एक बुरी-सी शायरी लिखूँ और लोग उसकी तारीफ़ करें, तो इसका मतलब ये है कि लोगों ने ग़ालिब को पढ़ा नहीं है। इसी तरह अगर लोग कोई ऐसी कविता पढ़ते हैं जिसे मैंने नहीं लिखा है और वो उसे मेरी समझते हैं, इसका मतलब वो मेरे काम से वाक़िफ़ नहीं हैं।

मैंने एक बार एक नज़्म लिखी थी—'आदतें भी अजीब होती हैं' और किसी ने उसे बना दिया—'औरतें भी अजीब होती हैं'।

नसरीन : ये तो हद है।

गुलज़ार : बिलकुल।

नसरीन : ये जो हालात हैं, ये परेशान करनेवाले हैं और बेकाबू हो चुके हैं—इसके बावजूद मुझे पता है कि आप मानते हैं शायरी लोगों के समझने और व्याख्या के लिए खुली होनी चाहिए।

गुलज़ार : ये बहुत ज़रूरी है। वरना शायरी आज तक ज़िन्दा नहीं रहती। अगर ग़ालिब की शायरी के एक ही मायने होते, तो मुमकिन है कि स्कॉलर उस पर आज काम नहीं कर रहे होते। अब शेक्सपियर को ही लीजिए—दुनिया में हज़ारों स्कॉलर हैं, जो आज चार सौ साल बाद भी उनके नाटकों और सॉनेट्स की व्याख्या कर रहे हैं। उनका विश्लेषण कर रहे हैं। उन्हें समझा रहे हैं।

शायरी एक हीरे की तरह होती है। अलग-अलग कोणों से वो अलग-अलग रंग और आकार दिखाती है।

उर्दू के नामचीन शायर और प्रोफ़ेसर डॉ. बशीर बद्र ने एक बार एक मज़ेदार कहानी सुनाई। एक बार जवानी के दिनों में उन्हें इम्तिहान में अपनी ही ग़ज़ल का विश्लेषण करना पड़ा। जाँचनेवाले ने बशीर साहब की कॉपी देखी और कहा—

"इस शेर के ये मायने नहीं हैं"

"पर सर, ये शेर मेरा ही है"

"नहीं नहीं, इस शेर के ये मायने नहीं हैं। इस शेर के मायने ये हैं।"

यानी जाँचनेवाले ने बशीर साहब का नज़रिया मानने से इनकार कर दिया, हालाँकि सच ये है कि वो शेर ख़ुद उन्हीं का था। *[दोनों हँसते हैं]*

नसरीन : अगर हम भारतीय फ़िल्म-संगीत का शानदार इतिहास देखें, तो आपकी नज़र में एक मुकम्मल गाना क्या है?

गुलज़ार : मैं आपको साहिर लुधियानवी के गाने की मिसाल दूँगा, 'मन रे तू काहे ना धीर धरे'।

ये गाना सन् 1964 में आई केदार शर्मा की फ़िल्म *चित्रलेखा* का है—ये फ़िल्म इसी नाम से सन् 1941 में आई केदार शर्मा की फ़िल्म का रीमेक थी। इस फ़िल्म के कलाकार थे मेहताब और नान्दरेकर।

रोशन ने 'मन रे' कम्पोज़ किया था और मोहम्मद रफ़ी ने इसे गाया था और क्या ख़ूब गाया था। मेरे लिए ये एक मुकम्मल गीतकारी की शानदार मिसाल है। साहिर साहब ने आमतौर पर हिन्दुस्तानी में अपने गाने लिखे। यहाँ उन्होंने हिन्दी का इस्तेमाल किया है, ये शायद वैसी हिन्दी नहीं है—जैसी पंडित नरेन्द्र शर्मा जैसे विद्वानों ने इस्तेमाल की है। लेकिन उनका ये गाना हर मायने में उत्कृष्ट है।

गाना किरदारों के मुताबिक़ भी है, कहानी और सिचुएशन के भी मुताबिक़ है और फ़िल्म की जो भाषा है—उसमें लिखा गया है। मैं इस गाने को बहुत इज़्ज़त की नज़र से देखता हूँ। बहुत उम्दा है ये गाना।

नसरीन : ये गाना शानदार है, फ़लसफ़ाई है, मुकम्मल है।

गुलज़ार : जी बिलकुल। इसमें मिठास है। शब्दों का बहाव एकदम सहज है, यहाँ कोई सीख या कोई भाषण भी नहीं दिया जा रहा है।

नसरीन : जब साहिर 'मन' के साथ 'रे' जोड़ देते हैं तो एक ख़ास तरह का अपनापन आ जाता है। नाज़ुकी आ जाती है।

गुलज़ार : हाँ, इसमें एक लोक-रंग भी आ जाता है। 'काहे' अवधी शब्द है। जबकि 'धीर धरे' शुद्ध हिन्दी है। तो यहाँ साहिर साहब शब्दों और परम्पराओं का मेल कर रहे हैं, भाषा का मेल कर रहे हैं। इसे एक कविता की तरह गाया गया है।

साहिर का एक और गाना है—जो *जाल* फ़िल्म में है।

नसरीन : 'ये रात ये चाँदनी फिर कहाँ'।

गुलज़ार : जी हाँ। ये भी बहुत ख़ूबसूरत गीत है।

एक और गीतकार हैं जिनके बारे में मैं कई बार बात कर चुका हूँ, वो हैं शैलेन्द्र—उन्हें मैं हिन्दी सिनेमा का बेहतरीन गीतकार मानता हूँ। उन्होंने अपनी गीतकारी से हिन्दी सिनेमा को सजा दिया है।

परख में रोमांस के बारे में सीधे बात ना करके देखिए वो क्या करते हैं। गाँव की एक प्यारी-सी लड़की है, जो एक नदी के किनारे टहल रही है, उसे एक फूल पड़ा हुआ मिलता है और वो गाती है—'मिला है किसी का झुमका'। बिमल रॉय ने इसे ख़ास अन्दाज़ में फ़िल्माया है। हालाँकि 'झुमका' अलग चीज़ होती है पर वो फूल के शेप को झुमका बता रही है।

इसी तरह *परख* का एक और गाना है—'ओ सजना बरखा बहार आई'। ये भी कमाल का गाना है, पर मुझे ख़ासतौर पर 'मिला है किसी का झुमका, हरे भरे नीम तले' पसन्द है। वो कितनी सादगी से क़ुदरत के बारे में बताते हैं।

नसरीन : आप अकसर डी.एन. मधोक के बारे में बात करते हैं, उनके गानों की क्या ख़ासियत थी?

गुलज़ार : डी.एन. मधोक गीतकारी के अगुआ थे। जब हिन्दी सिनेमा में सन् 1931 में गाने आने शुरू हुए, तो उन पर रंगमंच का असर था। आग़ा हश्र कश्मीरी, उर्दू-पारसी थियेटर, ग़ज़ल, शास्त्रीय बन्दिशें, उर्दू शायरी, पुराण और मिथक और भजन—शुरुआती फ़िल्मी गानों पर इन सबका असर पड़ा था। डी.एन. मधोक की पहली फ़िल्म थी सन् 1932 में आई *राधे-श्याम*। जब उन्होंने गाने लिखने शुरू किए तो वो बहुत ही अलग तरह की भाषा लाए। उन्होंने लोक-संस्कृति वाली छवियाँ गढ़नी शुरू कीं।

अब जैसे *रतन* में उनका लिखा गीत लीजिए, जिसे नौशाद साहब ने कम्पोज़ किया था—'जब तुम ही चले परदेस, लगाकर ठेस ओ प्रीतम प्यारा, दुनिया में कौन हमारा।' *रतन* के सभी गाने बहुत हिट हुए थे।

नसरीन : मुझे वो गाना याद आता है—'अँखियाँ मिलाके जिया भरमाके चले नहीं जाना'। उन्होंने कुंदनलाल सहगल का मशहूर गीत 'दिया जलाओ' भी लिखा था, जो फ़िल्म *तानसेन* में था।

गुलज़ार : डी.एन. मधोक ने फ़िल्मी गानों की ज़बान बदल दी। वो नए अल्फ़ाज़ लाए। उन्हें कवि प्रदीप और केदार शर्मा के साथ गीतकारों की पहली पीढ़ी में रखा जाता है। मधोक साहब ने तो स्क्रीन-प्ले भी लिखे थे और उन्होंने 1930 से 1950 के ज़माने में कई फ़िल्में भी निर्देशित की थीं।

केदार शर्मा ने उर्दू ग़ज़ल, नज़्म और लोकगीतों की शैली को अपनाया। उन्होंने 'पंछी' पर बहुत सारे गाने लिखे। इस बात का कोई तर्क नहीं है कि उन्होंने ऐसा क्यों किया। मुझे लगता है कि अपने ख़यालात या अपने आइडिया को दर्शाने के लिए आप किसी एक ख़ास छवि को चुनते हैं। वो पंछियों की बात करते हैं और मैं लगातार चाँद की बात करता जाता हूँ। मैंने चाँद को तरह-तरह से अपनी शायरी में दिखाया है।

याद कीजिए शैलेन्द्र का वो बेमिसाल गाना—'दम भर जो उधर मुँह फेरे, ओ चन्दा, मैं उनसे प्यार कर लूँगी।' क्या लाइन है ये—सलाम है शैलेन्द्र जी को। देखा आपने, एक कवि क्या कमाल कर सकता है!

नसरीन : शैलेन्द्र से आपकी अच्छी दोस्ती रही है। क्या आप उनसे फ़िल्मी गानों पर बातें करते थे?

गुलज़ार : हम एक-दूसरे को अच्छी तरह जानते थे पर बात ये है कि वो मेरे सीनियर थे। हम कविताओं और मौजूदा साहित्य की बात करते थे, लेकिन फ़िल्मी गानों की नहीं। शैलेन्द्र जी साहित्य के आदमी थे, वो ट्रेड यूनियन से भी जुड़े हुए थे। उनकी कई कविताओं में उनके वामपंथी विचारों की झलक मिलती है।

जैसा कि आप जानती हैं, वही थे जिन्होंने मुझे गाने लिखने की तरफ़ धकेला था। आज वो गाना हिन्दी फ़िल्म-संगीत की दुनिया में मील का पत्थर बन चुका है। जब मैंने *बन्दिनी* के लिए 'मोरा गोरा अंग लई ले' लिखा, मैंने एक अनूठे रूपक का इस्तेमाल किया था। हम पढ़ा करते

थे—'राहू चाँद को निगल गया'। पर जहाँ तक मुझे पता है, कविता में किसी ने भी चाँद को ताना नहीं दिया था—'तोहे राहू लागे बैरी, मुस्काए जी जलाई के'।

बिमल दा और सचिन दा को ये नई कहन बड़ी पसन्द आई थी।

नसरीन : गीतकारी की दुनिया के चमकते सितारों की हमने बात की, कुछ गुमनाम गीतकार भी तो हुए हैं।

गुलज़ार : पुराने ज़माने के क़द्दावर गीतकारों में पंडित नरेन्द्र शर्मा, भरत व्यास और नीरज शामिल हैं। वो अपने गानों में ख़ालिस हिन्दी का रंग लेकर आए। पिछले दो दशकों से गानों की भाषा पंजाबी और उर्दू के बीच अटक गई है।

आज के भी गीतकार बढ़िया लिखते हैं। जैसे अमिताभ भट्टाचार्य, इरशाद कामिल, स्वानन्द किरकिरे। प्रसून जोशी ने अपनी नई शैली से अलग पहचान बनाई है। प्रसून वो सुन्दर हिन्दी वापस लेकर आए हैं—जिसे पंडित नरेन्द्र शर्मा या भरत व्यास ने इस्तेमाल किया था। प्रसून तो मंच पर भी अपनी कविताएँ बड़े अच्छे से पेश करते हैं।

मैं स्वानन्द किरकिरे को पुराने ज़माने के गीतकार डी.एन. मधोक की श्रेणी में रखना चाहूँगा। स्वानन्द के पास वो शैली है। वो लोक-परम्परा के ऐसे शब्दों का इस्तेमाल करते हैं, जो अब सुनाई भी नहीं पड़ते। प्रसून जोशी और स्वानन्द किरकिरे दोनों सिर्फ़ गाने नहीं लिखते—वो गाते भी हैं। और उनके माता-पिता शास्त्रीय संगीत से जुड़े हुए थे।

नसरीन : मुझे पुराने ज़माने की महिला गीतकारों के ज़्यादा नाम याद नहीं आते, आज कौसर मुनीर जैसी गीतकार मौजूद हैं।

गुलज़ार : कौसर मुनीर बहुत जाने-माने लेखकों के ख़ानदान से आती हैं। इसलिए उनकी ज़बान में वो अदब नज़र आता है, वो बहुत असरदार तरीक़े से अपनी बात कह पाती हैं।

नसरीन : आप नई पीढ़ी के गीतकारों की बात करते हैं, आपको उनके गाने सुनने का वक़्त कैसे मिलता है?

गुलज़ार : वक़्त की रफ़्तार बदल गई है और इसके साथ वक़्त का पैटर्न भी बदल गया है। पुराने वक़्त में हमारे पास सिर्फ़ विविध भारती होती थी और अमीन सायानी जी की 'बिनाका गीतमाला' और वो 'फ़ौजी भाइयों का प्रोग्राम' [जयमाला]।

हम इन बहुत ही मक़बूल रेडियो प्रोग्रामों को हमेशा सुनते थे। लोग उनका इन्तज़ार करते थे और कई लोग तो 'फ़रमाइश' भी भेजते थे। हम सारे दिन रेडियो पर कुछ नाम बार-बार सुनते थे—लता मंगेशकर, मोहम्मद रफ़ी, शंकर-जयकिशन, शैलेन्द्र, हसरत जयपुरी और बाक़ी लोग। राजिन्दर कृशन और शैलेन्द्र जैसे गीतकारों के नाम हमें बहुत बार सुनाई पड़ते थे, उसके बाद आनन्द बख़्शी बहुत मक़बूल हो गए।

अब मैं फ़िल्म-संगीत अपने दोस्त और टेनिस के मेरे साथी उमेश पचीगर की वजह से सुनता हूँ। वो रोज़ मुझे सुबह छह बजे घर से लेते हैं और बान्द्रा जिमख़ाना ले जाते हैं, जहाँ हम टेनिस खेलते हैं। अब वो मेरी विविध भारती हैं। रेडियो चलता रहता है और हम जिमख़ाना जाते हुए और लौटते हुए हिन्दी फ़िल्मी गाने सुनते हैं।

उमेश पेशे से आर्किटेक्ट हैं और अच्छे बॉल-रूम डांसर भी हैं। जब हम पुराने गाने सुनते हैं, वो फ़ौरन ही बीट पहचान लेते हैं और कहते हैं—

> "ये है चा-चा-चा, ये है फॉक्स-ट्रॉट और ये है साम्बा।" लेकिन जब मैं आज गाने सुनता हूँ, मुझे बीट पहचान में नहीं आती। मुझे ऐसा लगता है मानो मैं दीवार से अपना सिर टकरा लूँ।

फिर उमेश और मैं बहुत खुलकर हँसते हैं। टेक्नोलॉजी के साथ बहुत कुछ बदल गया है। मोबाइल फ़ोन के साथ संचार की एक बड़ी क्रान्ति हो गई है। आज सौ से ज़्यादा रेडियो स्टेशन हैं, टीवी चैनलों की तादाद भी बहुत बढ़ गई है। ये सब हिन्दुस्तान में चौबीस घंटे चल रहे हैं। अब गाने को इतना वक़्त ही नहीं मिलता कि वो अपना पूरा असर डाल सके। ज़िन्दगी और संगीत दोनों की रफ़्तार बहुत बढ़ गई है और इतना शोर हावी हो गया है कि अल्फ़ाज़ कहीं पीछे खोते जा रहे हैं। गीतकार भी कहीं पीछे छिप गया है।

ये बदक़िस्मती नहीं तो क्या है कि हमारे पास शास्त्रीय संगीत को समर्पित कोई टी वी चैनल नहीं है—या लोक-संगीत की समृद्ध परम्परा पर केन्द्रित। जबकि भारत की तमाम भाषाओं में लोक-संगीत की अच्छी-ख़ासी परम्परा मौजूद है।

नसरीन : अब ये बात सब जानते हैं कि शैलेन्द्र ने आपको बिमल रॉय के लिए पहला गाना लिखने को प्रेरित किया। आपने हमेशा बेमिसाल बिमल रॉय की बतौर फ़िल्मकार तारीफ़ की है। हालाँकि आपके इस पहले गाने के बारे में बहुत कुछ लिखा जा चुका है, हम जानते हैं कि कैसे इसने आपकी ज़िन्दगी की दिशा बदल दी, पर फिर भी मैं यहाँ ये बातें करना चाहती हूँ।

मोरा गोरा अंग लई ले, मोहे श्याम रंग दई दे
छुप जाऊँगी रात ही में, मोहे पी का संग दई दे।

इक लाज रोके पैयाँ इक मोह खींचे बैयाँ
जाऊँ किधर ना जाऊँ हमका कोई बताई दे
मोरा गोरा अंग लई ले।

बदरी हटा के चन्दा, चुपके-से झाँके चन्दा
तोहे राहू लागे बैरी, मुस्काए जी जलाई के
मोरा गोरा अंग लई ले।

कुछ खो दिया है पाई के, कुछ पा लिया गँवाई के
कहाँ ले चला है मनवा मोहे बावरी बनाई के
मोरा गोरा अंग लई ले।

नसरीन : पहले ही गाने में आप 'ले ले' की बजाय 'लई ले' का इस्तेमाल करते हैं या 'जला ले' की बजाय 'जलई ले' कहते हैं।

गुलज़ार : जैसे ही आप कहते हैं—'मोरा गोरा अंग लई ले', आप समझ जाते हैं कि ये अवधी है। उत्तर भारत के गाँवों में लोग इसी तरह बात करते हैं। आप समझ जाते हैं कि जो किरदार, जो लड़की ये गाना गा रही है, वो

किसी गाँव में रहती है या किसी क़स्बे में। उसकी ज़बान से ये पता चल जाता है। जैसे ही आपने अवधी का इस्तेमाल कहीं किया—तो पूरा गाना उसी ज़बान में होना चाहिए। 'मोरा' और 'मेरा' में फ़र्क़ है, इसी तरह 'लई ले' और 'ले ले' में फ़र्क़ है।

नसरीन : आप पहले गाने के बोल लिखते हैं, उसके बाद संगीतकार धुन बनाता है और उसके बाद गाना रिकॉर्ड होता है—आख़िर में उसे फ़िल्माया जाता है। तब जाकर आपको पता लगता है कि आपके गाने को कैसे पेश किया गया है। हर निर्देशक और कोरियोग्राफ़र गाने को अपनी तरह समझता है—और उसे पर्दे पर पेश करता है। क्यों ना हम मणिरत्नम की मिसाल लें। क्या गाना फ़िल्माने का उनका तरीक़ा आपको पसन्द आता है?

गुलज़ार : उनका फ़िल्माने का तरीक़ा कमाल का है। जब मैंने उनकी फ़िल्म 'रावण' देखी—मुझे लगता है कि ऐसे 'विजुअल' मैंने किसी भारतीय फ़िल्म में नहीं देखे। वो ऐसे 'फ्रेम' बनाते हैं मानो कोई पेंटर हों, उनकी 'कम्पोज़ीशन' और 'मूवमेंट' कमाल की होती है। एक 'फ्रेम' से दूसरे 'फ्रेम' के बीच जाते हुए ऐसा लगता है मानो ये एक बहाव है। उनकी फ़िल्मों में कभी कोई ढीला फ्रेम नहीं होता।

नसरीन : आपने 'रावण' में एक एक बड़ा अजीब-सा गाना लिखा था—'ठोंक दे किल्ली'। इस गाने के बारे में बताइए?

गुलज़ार : मणि सर का नज़रिया अपने किरदार 'रावण' के सियासी झुकाव के बारे में एकदम साफ़ था। ये किरदार अभिषेक बच्चन ने निभाया है। रावण एक दलित है और उसके लोग दबे-कुचले हैं, इसलिए वो संघर्ष करते हैं। जब हमारे सामने एक बाग़ी होता है, जो रॉबिन हुड की तरह है, तो हम ये सवाल कर सकते हैं कि ये इनसान इस तरह का क्यों बन गया है। आज वो जो कुछ कर रहा है—उसके पीछे क्या वजहें हैं? रॉबिन हुड इसलिए रॉबिन हुड बना क्योंकि राजा ने उसके साथ नाइंसाफ़ियाँ कीं।

ठीक इसी तरह रावण और उसके लोग एकजुट होते हैं क्योंकि हुकूमत उनके साथ नाइंसाफ़ियाँ कर रही है। जब मणि सर ने मुझे इस गाने की

पृष्ठभूमि बताई—तो मुझे लगा कि ये गाना दलितों के जनगीत की तरह होना चाहिए।

ठोंक दे किल्ली ओ ठोंक दे किल्ली
के दूर नहीं है, चलेगा दिल्ली।
सब को घूरे आँख दिखाए, तानाशाही करे-कराए
ओ बागड़-बिल्ली, ओ ठोंक दे किल्ली
तू मार दे डंडा, उड़ा दे गिल्ली

नसरीन : इस गाने की इस लाइन में गाँवों के एक खेल का ज़िक्र आता है—गिल्ली-डंडे का। बच्चे ये खेल बहुत खेलते रहे हैं। ये जो जुमला है—'ठोंक दे किल्ली' ये कहाँ से आया है?

गुलज़ार : पंजाबी से। पंजाब में कहा जाता है—'चक दे फट्टे, ठोंक दे किल्ली, अज्ज जलन्धर ते कल दिल्ली'। क्रिकेटर नवजोत सिंह सिद्धू ने इन लाइनों को काफ़ी मशहूर कर दिया है।

असल में ब्रिटिशों से जब लड़ाई चल रही थी तो ये लाइनें आज़ादी के हमारे क्रान्तिकारी नारे के रूप में कहते थे। कहने का मतलब था, हटा दो पटरे, कील गाड़ दो, आज जलन्धर में हैं, कल जाएँगे दिल्ली। ये एक तरह से जंग का ऐलान है। हम दिल्ली की हुकूमत को चुनौती देंगे। ये लाइन वहीं से आई है।

नसरीन : वाह क्या बात है। ख़ासतौर पर गाने की जो पृष्ठभूमि है—वो जानने के बाद तो ये और भी ज़्यादा ख़ास बन जाता है। आपको क्या लगता है कि सुननेवाले इसे किस तरह लेंगे?

गुलज़ार : शायद वो इन अल्फ़ाज़ की सतह तक ही जा पाएँगे। कुछ तो ऐसे ज़रूर होंगे जो इसकी पर्तों को समझ पाएँ और गहराई तक जा सकें। शब्दों की परछाइयाँ होती हैं और पंक्तियों के आयाम। आप सतह को जितना खुरचते हैं—उतना ज़्यादा पता चलता जाता है। आपको समझ में आता है कि 'ठोंक दे किल्ली' किसी एक इनसान का नज़रिया नहीं है, असल में ये पूरी टोली, पूरे समुदाय के अन्दर पल रही बेचैनी को दर्शाता है।

नसरीन : मैं आपसे भाषा और शब्दों की ताक़त के बारे में बात करना चाहती हूँ। हिन्दी और उर्दू तो दो बहनें हैं और दोनों की अपनी-अपनी ख़ूबसूरती है, पर उर्दू में ऐसा क्या है जो इसे आपके दिल के इतने क़रीब ले आता है?

गुलज़ार : मैं मानता हूँ कि हर ज़बान का अपना एक ख़ास किरदार होता है। संस्कृतनिष्ठ हिन्दी भी बड़ी सुन्दर होती है। श्लोकों में तो जैसे संगीत घुला है। बांग्ला बहुत मीठी ज़बान है। ये भी हमें याद रखना चाहिए कि देवनागरी लिपि दुनिया की सबसे वैज्ञानिक लिपि है—जो आप बोलते हैं, वही आप लिखते हैं।

मेरे लिए, उर्दू एक शाही मौजूदगी है—ये एक तहज़ीब वाली ज़बान है। मेरी एक नज़्म में एक लाइन है—जो इसी बारे में है। आपको सुनाता हूँ—'फ़क़ीरी में नवाबी का मज़ा देती है उर्दू'।

नसरीन : वाह, क्या बात है।

गुलज़ार : आपने पूछा कि उर्दू आपके लिए इतनी ख़ास क्यों है? इसकी शुरुआत मेरे ज़ाती तजुर्बों और एहसासात से होती है। मैं दिल्ली में पढ़ा। बँटवारे के बाद लोगों ने हिन्दी सीखना शुरू कर दिया और उर्दू को लेकर एक बदगुमानी-सी थी। अफ़सोस की बात है कि इस ज़बान को लेकर भी लोगों में बदगुमानी हो सकती है। उर्दू के तलफ़्फ़ुज़ ख़ास हैं और जब इसका इस्तेमाल हिन्दी के साथ मिलाकर किया जाता है तो जो हिन्दुस्तानी हम बोलते हैं—उसकी ख़ूबसूरती बहुत बढ़ जाती है।

हमें ये नहीं भूलना चाहिए कि उर्दू हिन्दुस्तानी ज़बान है। भारत की कई बोलियों और भाषाओं से मिलकर ये बनी है, जैसे अवधी, भोजपुरी और पूरबी। उर्दू में कुछ ध्वनियाँ हैं—जैसे त, थ, द, ढ—वो आपको किसी और ज़बान में नहीं मिलेंगी—ना अरबी में, ना फारसी में। लेकिन ये ध्वनियाँ आपको भारतीय भाषाओं में मिल जाएँगी।

नसरीन : मुझे लगता है कि 'प' भी तो अरबी में नहीं है।

गुलज़ार : सही कहा आपने। उर्दू में भ, फ, थ और ढ संस्कृत से आए

हैं—जैसे ये शब्द भाई, भाभी, भोजन, ढक्कन वग़ैरह।

नसरीन : उर्दू से आपको इतना प्यार है तभी तो आप मशहूर गाने *छैंयाँ छैंया* में लिख सके—'जिसकी ज़बाँ उर्दू की तरह'। अब तो इस लाइन का ज़िक्र अकसर किया जाता है।

गुलज़ार : 'छैंयाँ' तो 'हिन्दुस्तानी' है, ख़ालिस उर्दू नहीं है। 'छैंया' शब्द का मतलब है 'छाँव'। हिन्दी कविता की एक पंक्ति है—'बाँसुरी बज रही कदम की छैंयाँ'। यहाँ कहने का मतलब है भगवान कृष्ण कदंब के पेड़ के नीचे बैठे बाँसुरी बजा रहे हैं।

ज़्यादातर फ़िल्मी गाने हिन्दुस्तानी में लिखे गए हैं। उनमें आपको उर्दू और हिन्दी की छाया नज़र आएगी। यही उनकी ताक़त और ख़ूबसूरती है। एक बार गांधी जी ने कहा था, आप इसे हिन्दी या उर्दू मत कहिए। हमारी मातृभाषा को आप 'हिन्दुस्तानी' कहिए। इस तरह से हम किसी भी भाषा के लिए संशय और पूर्वग्रह को ख़त्म कर पाएँगे।

नसरीन : क्या हम 'वो शाम कुछ अजीब थी' की बात करें, जो 1970 में आई फ़िल्म *ख़ामोशी* का गाना है? ये बहुत ही रूमानी गाना है और इसकी मेलोडी के तो कहने ही क्या। हेमन्त कुमार के सिवा कम ही संगीतकार हैं जो ऐसी शिद्दत भरी धुन बना सके हैं और किशोर कुमार ने इसे जैसे ज़िन्दा कर दिया है।

वो शाम कुछ अजीब थी, ये शाम भी अजीब है
वो कल भी पास-पास थी, वो आज भी क़रीब है।
वो शाम कुछ अजीब थी...

झुकी हुई निगाह में कहीं मेरा ख़याल था
दबी-दबी हँसी में इक हसीन-सा गुलाल था
मैं सोचता था मेरा नाम गुनगुना रही है वो
ना जाने क्यों लगा मुझे कि मुस्कुरा रही है वो
वो शाम कुछ अजीब थी।

वहीदा रहमान फ़िल्म *ख़ामोशी* में

मेरा ख़याल है अभी झुकी हुई निगाह में
खिली हुई हँसी भी है दबी हुई-सी चाह में
मैं जानता हूँ मेरा नाम गुनगुना रही है वो
यही ख़याल है मुझे कि साथ आ रही है वो

नसरीन : आज के गानों में ऐसी रूमानियत कहीं नज़र नहीं आती।

गुलज़ार : असल में रोमांस बदल गया है। रूमानियत का अन्दाज़ बदल गया है और ज़बान भी बदल गई है। तहज़ीब रुकी हुई नहीं रहती, वो बदल जाती है और उसके साथ हर चीज़ बदलती चली जाती है—आपके कपड़े, आपका खाना, आपका बर्ताव, आपका संगीत और आपका रूमानियत का तरीक़ा।

कई बरस पहले जब हमारी फ़िल्में विदेशों में दिखाई जाती थीं, तो गानों को काट दिया जाता था और फ़िल्म को नब्बे मिनट का कर दिया जाता था। विदेशों के दर्शकों को गाने देखना पसन्द नहीं था, पर अब हमारे गाने और हमारा नाच ही उन्हें लुभाता है।

पश्चिम में हमारे सिनेमा को लेकर रवैया बदल गया है। पुराने ज़माने में बड़े महान संगीतकार थे, पर उन्हें उस तरह विदेशों में सराहा नहीं गया। लेकिन रहमान को वो शोहरत मिली। उन्होंने सन् 2009 में *स्लमडॉग मिलिनेयर* के लिए दो ऑस्कर जीते—और उनका नाम एक बार फिर सन् 2016 में ऑस्कर की फ़ेहरिस्त में नज़र आया। उन्होंने भारतीय फ़िल्म-संगीत को विदेशी लोगों तक पहुँचा दिया।

नसरीन : मुझे याद है आपने मुझसे कहा था कि 'जय हो' के लिए 'बेस्ट लिरिक्स' का जो अवॉर्ड आपको मिला था—उसे लेने आप ऑस्कर समारोह में नहीं जा सके, क्योंकि आपके पास 'ब्लैक जैकेट' नहीं था।

गुलज़ार : सही बात है। *[दोनों हँसते हैं]*

नसरीन : 'जय हो' बड़ा ही जोशीला गाना है।

गुलज़ार : ये रहमान का 'मास्टरपीस' है। मैं यहाँ सुखविन्दर सिंह की भी

तारीफ़ करना चाहूँगा क्योंकि उनकी आवाज़ ने गाने में जैसे जोश ला दिया। इस गाने की शोहरत का उन्हें तो फ़ायदा मिलना ही चाहिए, इस गाने में उनका योगदान बहुत ज़्यादा है। सुखविन्दर की लोक-संगीत की बुनियाद काफ़ी गहरी है, वो कड़ी मेहनत करते हैं। जब वो गाने के बारे में मुझसे बातें करते हैं—तो जैसे गाने में डूबते चले जाते हैं।

नसरीन : 'जय हो' के शब्द भी कमाल के हैं। मुझे ये जुमला बड़ा पसन्द आया था—'ज़री वाले नीले आसमाँ के तले'। ये जो मंज़रकशी है ये कमाल की है।

आजा आजा जिन्द-शामियाने के तले
आजा ज़रीवाले नीले आसमाँ के तले
जय हो, जय हो।

रत्ती-रत्ती सच्ची मैंने जान गँवाई है
नच-नच कोयलों पे रात बिताई है
अँखियों की नींद मैंने फूँकों से उड़ा दी
गिन-गिन तारे मैंने उँगली जलाई है
आजा आजा जिन्द-शामियाने के तले
आजा ज़रीवाले नीले आसमाँ के तले
जय हो।

नसरीन : क्या डैनी बोयाल गाने की रिकॉर्डिंग में मौजूद थे?

गुलज़ार : नहीं, सिर्फ़ रहमान और सुखविन्दर थे। 'जय हो' फ़िल्म में बढ़िया लगा। ये एक नौजवान लड़के और लड़की की कहानी है जिन्हें प्यार हो जाता है और जो बहुत सारी मुश्किलों को पार करते हुए एक साथ आ जाते हैं। ये कोई नूरजहाँ और जहाँगीर की कहानी नहीं है। क्या आप इस पीढ़ी के प्यार के मामलों को समझती हैं?

नसरीन : जी थोड़ा-थोड़ा! मुझे लगता है कि आज के बच्चे किसी रिश्ते

में बँधने और अगर वो ठीक ना चल रहा हो तो उससे निकलने के लिए ज़्यादा आज़ाद हैं। सन् 1987 में आई आपकी फ़िल्म *इजाज़त* के आपके गाने *मेरा कुछ सामान* को आज 'ब्रेक-अप का गाना' कहा जा सकता है।

गुलज़ार : पंचम इसे मेरा 'लगेज वाला गाना' कहता था *[हँसते हैं]*। उसे ये बहुत अजीब बल्कि मज़ेदार लगा था। उसने मुझसे गाने की लाइनें पढ़ने को कहा—

मेरा कुछ सामान तुम्हारे पास पड़ा है
सावन के कुछ भीगे-भीगे दिन रखे हैं
और मेरे इक ख़त में लिपटी रात पड़ी है

ये गाना एक ऐसे रिश्ते की बात करता है, जो ख़त्म हो रहा है। मैंने बहुत ही ठोस छवियों का इस्तेमाल किया है—जैसे बारिश के दिन, एक ख़त और रात—और उन्हें कुछ अल्फ़ाज़ के ज़रिये अमूर्त बना दिया है—'भीगे-भीगे दिन' या इस जुमले से—'मेरे एक ख़त में लिपटी रात पड़ी है'। आप बारिश के दिनों को एक ख़त में लपेट नहीं सकते या रात को एक ख़त में नहीं लपेट सकते।

इसी गाने में एक लाइन ये आती है, 'गीला मन शायद बिस्तर के पास पड़ा हो'। ये छवियाँ क्या दिखाती हैं? एक उदास मन और आँसुओं से गीला तकिया।

मेरा कुछ सामान तुम्हारे पास पड़ा है
सावन के कुछ भीगे-भीगे दिन रखे हैं
और मेरे इक ख़त में लिपटी रात पड़ी है
वो रात बुझा दो, मेरा वो सामान लौटा दो

पतझड़ है कुछ, है ना
पतझड़ में कुछ पत्तों के गिरने की आहट
कानों में इक बार पहन के लौट आई थी
पतझड़ की वो शाख़ अभी तक काँप रही है

वो शाख़ गिरा दो, मेरा वो सामान लौटा दो
एक अकेली छतरी में जब आधे-आधे भीग रहे थे
आधे सूखे, आधे गीले, सूखा तो मैं ले आई थी
गीला मन शायद बिस्तर के पास पड़ा हो
वो भिजवा दो, मेरा वो सामान लौटा दो।

एक सौ सोलह चाँद की रातें, एक तुम्हारे काँधे का तिल
गीली मेहँदी की ख़ुशबू, झूठ-मूठ के शिकवे कुछ
झूठ-मूठ के वादे भी सब याद करा दूँ
सब भिजवा दो, मेरा वो सामान लौटा दो
एक इजाज़त दे दो बस जब इस को दफ़नाऊँगी
मैं भी वहीं सो जाऊँगी।

नसरीन : आपने कहा कि राहुल देव बर्मन इसे आपका 'सामान का गाना' कहते थे। जब ये गाना इतना बड़ा हिट बन गया, तो क्या उन्हें हैरत हुई थी?

गुलज़ार : जब हम इस गाने को रिकॉर्ड कर रहे थे, उसने कहा, इस गाने के बारे में उनकी राय बदल गई है। पहले उसे लगा था कि गाना कुछ ज़्यादा ही लम्बा है। लेकिन जब आशा जी ने एक लाइन गुनगुनानी शुरू की, तो उसे मज़ा आने लगा। इससे फ़र्क़ नहीं पड़ता कि गाना हिट है या नहीं। पंचम जानता था कि ये एक बढ़िया कम्पोज़ीशन है...कुछ नई, कुछ अलग।

आशा जी ने मुझे बताया कि जब भी वो स्टेज पर गाती हैं तो इस गाने की फ़रमाइश ज़रूर की जाती है।

नसरीन : *मेरा कुछ सामान* को सन् 1988 में सर्वश्रेष्ठ गायिका और सर्वश्रेष्ठ गीतकार का राष्ट्रीय पुरस्कार मिला था। वाक़ई दिल टूटने को इस गाने ने एकदम नये तरीक़े से दिखाया था।

ये गाना लोगों की तक़रीबन हर पसन्दीदा 'गुलज़ार प्ले-लिस्ट' में शामिल होता है। ज़्यादातर लोग इस गाने से ख़ुद को जोड़ लेते हैं क्योंकि किसी से टूटने की जो तकलीफ़ होती है—उसे ये गाना ज़ुबाँ देता है।

क्या ये किसी काल्पनिक दुनिया की तस्वीरें हैं या हमारी अपनी दुनिया की?

गुलज़ार : *[चिढ़ते हुए]* गाना आपके सामने है, ये कल्पना कैसे हो सकता है? आपको हालात में डूबना पड़ता है। यही किसी लेखक या शायर का काम है। जब आप कोई कविता या गीत लिख रहे होते हैं तो आप अलहदा या कटे हुए नहीं रह सकते।

नसरीन : अगर आपने वो तजुरबा किया ही ना हो तो? हो सकता है कि किसी की ज़िन्दगी रूमानी ना रही हो, उसके बावजूद वो रूमानी गाने लिखता हो।

गुलज़ार : देखिए, शायर के अपने जज़्बात होते हैं। दर्दमन्दी या संवेदना होती है। वरना लोगों की तकलीफ़ों को वो कैसे महसूस कर सकता है। समाज के दर्द को वो अपनी शायरी में कैसे ला सकेगा। एक शायर इनसानी हालात को समझने की हमेशा कोशिश करता रहता है।

नसरीन : उसे हमदर्दी महसूस होती है?

गुलज़ार : सिर्फ़ हमदर्दी नहीं—उससे ज़्यादा। एक शायर चाहे सीधे कुछ महसूस कर रहा हो या दूसरे के एहसास के ज़रिये—उसे हर तरह के जज़्बात को ज़ाहिर करने के लिए अल्फ़ाज़ खोजने ही पड़ते हैं।

नसरीन : मुझे याद आया कि एक बार जावेद अख़्तर ने मुझसे कहा था—

> "एक पत्रकार को चाँदनी रात देखनी होगी, तभी वो उस पर रपट लिख पाएगा, जबकि एक शायर तपती दोपहर में चाँदनी रात का तसव्वुर कर लेगा और उसके बारे में लिख देगा।"

मैं ये जानना चाहती हूँ कि जब आप किसी दूसरे निर्देशक की फ़िल्म के लिए गाने लिख रहे होते हैं तो आपका जो रवैया होता है वो अलग होता है और जब आप ख़ुद ही फ़िल्म निर्देशित करते हुए उसके लिए गाने लिख रहे हैं—तब अलग?

रेखा और नसीरुद्दीन शाह फ़िल्म *इजाज़त* (1987) में

गुलज़ार : मैंने अपनी तमाम फ़िल्मों के सभी गाने लिखे हैं। जब मैं स्क्रिप्ट लिखता हूँ तो कहानी में गाना बुनने में मुझे कोई दिक़्क़त नहीं होती। जैसे कि *मेरा कुछ सामान*। मुझे नहीं लगता कि कोई और गीतकार ऐसी सिचुएशन पर ऐसा गाना सोच सकता था। जब मैं *इजाज़त* का स्क्रीन-प्ले लिख रहा था, तब ये गाना एक कविता की तरह मेरे ज़ेहन में उतरा था।

जब मैं इसे फ़िल्मा रहा था, मुझे पता था कि इसे मुझे एक ही लोकेशन पर नहीं फ़िल्माना है। मैं इंडोर-शॉट यानी मौजूदा वक़्त और आउटडोर-शॉट यानी फ़्लैश-बैक के बीच कट करना चाहता था। मेरे पास कमाल के कैमरा-मैन थे—अशोक मेहता। हमने मिलकर इन इमेजेज़ पर बातचीत की थी—जो मेरे ज़ेहन में थीं—और असल में ये उस गाने से ही तो उपजी थीं। मुझे दिखाना था कि बारिश में एक जोड़ा जा रहा है—अचानक हवा का एक तेज़ झोंका आता है और छाता उड़ जाता है।

नसरीन : भारत में किसी भी गाने को बनाने की ज़िम्मेदारी कोरियोग्राफ़र, डायरेक्टर, कम्पोज़र, गीतकार, गायक और उसके बाद उस कलाकार की होती है—जिस पर वो गाना फ़िल्माया जानेवाला है। जबकि वेस्ट में ज़्यादातर गायक अपने गाने ख़ुद लिखते हैं और संगीत भी ख़ुद ही तैयार करते हैं।

गुलज़ार : शायद आपके ज़ेहन में बॉब डायलन का नाम है—जिन्हें साहित्य के नोबेल से सम्मानित किया गया है। हाँ, वो एक ऐसे कलाकार हैं जिनके पास बहुत सारे हुनर हैं। भारत में हालात अलग हैं, ख़ासतौर पर हमारे फ़िल्म-संगीत में।

नसरीन : आप गीतकार और संगीतकार के बीच के रिश्ते के बारे में क्या कहना चाहेंगे?

गुलज़ार : ये एक-दूसरे पर टिका रिश्ता है। अगर हम इसे संगीतकार के नज़रिये से देखते हैं, तो वो हमेशा जानने को बेचैन रहता है कि उसकी

धुन पर गीतकार की राय क्या होगी और इससे उसके मन में किस तरह के ख़याल और छवियाँ उभरेंगी। क्या मैं इस धुन में एक बादल भरा दिन दिखा रहा हूँ या तारों से भरी एक रात। अगर गीतकार गाना पहले लिखता है तो उसके मन में ये सवाल उभरते हैं कि उसके शब्दों से संगीतकार किस तरह प्रेरित होगा और कैसी धुन बनाएगा।

नसरीन : जब आपने फ़िल्म *मौसम* का गाना 'दिल ढूँढ़ता है' लिखा, तो एक बार आपने बताया था कि किस तरह आपने ग़ालिब की ग़ज़ल का जो ख़याल था—उसे फैला लिया था, दिल कैसी-कैसी तमन्नाएँ करता है—उसका तसव्वुर करते हुए आपने ये गीत रच दिया था।

बेमिसाल संगीतकार मदनमोहन ने इसकी धुन तैयार की थी। उनके साथ काम करने की यादें हमारे साथ बाँटिए।

गुलज़ार : मुझे याद आता है कि कैसे वो अपने ऑर्केस्ट्रा को कंडक्ट करते थे। जो भी साज़िन्दे उनके साथ काम करते थे, वो इस बात का ख़याल रखते थे कि रिकॉर्डिंग के लिए टाइम पर पहुँचना है। पर कुछ ऐसे होते थे जो आदतन लेट पहुँचते थे। जैसे ही वो रिकॉर्डिंग स्टूडियो में घुसते, मदन जी उन्हें देखते और कहते, "ख़ाला का घर समझ रखा है क्या? आओ..."

वो उन्हें अन्दर आकर बैठने तो देते, पर बजाने नहीं देते। ये उनकी सज़ा होती थी। ज़रूरत पड़ती तो वो ऑर्केस्ट्रेशन को ही बदल देते थे लेकिन देर से आनेवालों को बजाने तो नहीं दिया जाता था—ये उनका तरीक़ा था ये दिखाने का कि मैं तुम्हारे बिना भी काम कर सकता हूँ।

मदन जी फ़ेमस स्टूडियो ताड़देव में काँच के एक बड़े-से पार्टीशन के पार से ऑर्केस्ट्रा को कंडक्ट करते थे। वो अपने हाथ ऊपर-नीचे करते, बेटन से इशारा करते। कभी-कभी उनकी निगाहें अपने बाज़ुओं की चुस्त मांसपेशियों पर पड़तीं और वो गर्व से भर जाते थे। *[दोनों हँसते हैं]*

वो काफ़ी हट्टे-कट्टे थे, मज़बूत शख़्स थे और आधी बाँहों की टाइट टी-शर्ट पहना करते थे। उनकी स्टाइल का जवाब नहीं था, काफ़ी हैंडसम थे वो। कभी-कभी तो मुझे लगता था कि वो स्टार बनने ही आए होंगे।

नसरीन : उनके बेटे संजीव कोहली की स्टाइल भी कमाल की है। वो भी वक़्त के एकदम पाबन्द हैं, काम में माहिर और बहुत ही प्रतिभाशाली। उन्होंने अपने पिता की धुनों को नया रूप देकर *वीर-ज़ारा* में बड़ी ख़ूबसूरती से पेश किया था।

गुलज़ार : सही कहा।

नसरीन : क्या मदनमोहन के साथ काम करना आसान था?

गुलज़ार : आसान? मुझे समझ नहीं आ रहा कि इसे कैसे बताऊँ। वो धुन गाकर सुनाते थे, कुछ दिन बाद वो वही धुन सुनाते थे—वो बदल जाती। वो लगातार बदलाव करते रहते थे। इसलिए मुझे भी लाइन बदलनी पड़ जाती थी, कोई शब्द बदल देना पड़ता था या जोड़ देना पड़ता था। ग़ालिब का शेर है—'जी ढूँढ़ता है फिर वही फ़ुरसत के रात-दिन'...मैंने गाने में पहला शेर ग़ालिब का लिया है। गाने को मैंने ग़ालिब की लाइन से ही आगे बढ़ाया है। जब मदनमोहन धुन बना रहे थे तो उन्होंने 'जी' को 'दिल' कर दिया। मैंने एतराज़ किया—

> "मदन जी, आप मेरे अल्फ़ाज़ बदल सकते हैं, पर ग़ालिब के नहीं। हम ग़ालिब के साथ ये आज़ादी नहीं ले सकते।"

उन्होंने कुछ नहीं कहा और हम साउंड रिकॉर्डिस्ट मीनू कात्रक के स्टूडियो 'फ़ेमस' में रिहर्सल करते रहे।

अगले दिन मदन जी 'दीवान-ए-ग़ालिब' लेकर स्टूडियो में आए और बोले—

> "गुलज़ार साहब, कल मैं ख़ामोश रहा था क्योंकि मैं ख़ुद जाँचना चाहता था।"

मदन जी के पास जो 'दीवान-ए-ग़ालिब' था उसमें शेर की शुरुआत में 'जी' की बजाय 'दिल' था। जबकि मेरे पास जो 'दीवान' था उसमें 'जी' था। दोनों ही किताबें असली थीं। ये बात भी जानी-पहचानी है कि ग़ालिब ख़ुद भी अल्फ़ाज़ बदल दिया करते थे। जब हम गाने की रिकॉर्डिंग करने लगे तो मदन जी ने मुझसे पूछा कि 'दिल' रख लिया जाए क्योंकि इसके

आख़िर में 'ल' है और इससे तबले पर 'ध' जैसी गूँजती ध्वनि निकलती है। मुझे ये बात पसन्द आई।

इसलिए गाने में हमने 'दिल ढूँढ़ता है' कर दिया। मुझे ज़ाती तौर पर धीमा वाला वर्ज़न ज़्यादा पसन्द है, हालाँकि कई संगीतकारों को तेज़ वर्ज़न पसन्द आया, उन्होंने इसकी वजह ये बताई कि इस ताल पर गाना कम्पोज़ करना काफ़ी मुश्किल काम है।

नसरीन : मदनमोहन तो ग़ज़लों को कम्पोज़ करने के लिए बहुत मशहूर थे। ऐसा क्यों?

गुलज़ार : इसलिए क्योंकि उन्हें शायरी की अच्छी समझ थी। वो ग़ज़ल के मिज़ाज से वाक़िफ़ थे। यही बात जयदेव के लिए भी कही जा सकती है। जो भी संगीतकार उर्दू जानते हैं, वो ग़ज़ल के मिज़ाज से वाक़िफ़ हैं।

नसरीन : आपने जिन संगीतकारों के साथ काम किया है क्या कभी उनकी शख़्सियत में आपको कुछ ऐसा महसूस हुआ जो अजीब हो?

गुलज़ार : एक बात बताऊँ, उन्हें खाना पकाना बड़ा पसन्द था—हम इसके बारे में बाद में बात करेंगे कि किस तरह उस्ताद अल्लारक्खा ख़ाँ साहब अमेरिका में हमारे लिए खाना पकाया करते थे और मैं देखा करता था।

पर पहले मैं बताऊँ कि मदनमोहन जी को किचन में काम करते देखना कितना कमाल का हुआ करता था। वो एक हाथ में व्हिस्की का गिलास थामे रहते थे और कड़ाही में मटन घुमाया करते थे। खाना पकाते हुए भी वो कोई धुन गुनगुनाया करते थे और फ्राइ करते चले जाते थे—'टी टि ई...' जब वो गुनगुनाया करते थे तो इस तरह की आवाज़ करते थे। और अगर मटन-करी में थोड़ा-सा पानी डालने की ज़रूरत होती, क्योंकि वो तली में चिपकने लगती थी—तो वो उसमें थोड़ी व्हिस्की डाल दिया करते थे। *[दोनों हँसते हैं]*

वो बेहतरीन खाना पकाते थे और उसमें उनकी एक ख़ास स्टाइल या अदा भी थी। वो लगातार गाते रहते थे और मुझे बताते थे कि लता जी

दिक़्क़त पेश आई, जिन्होंने *गोलमाल* का निर्देशन किया था, क्योंकि उर्दू/हिन्दी उनकी भाषा नहीं थी?

गुलज़ार : मैंने तो अपने गाने ए.आर. रहमान तक को समझा दिए! उनकी भाषा तमिल है। ऋषिदा की हिन्दी काफ़ी अच्छी थी, इसलिए मुझे उन्हें एक ही शब्द समझाना पड़ा—'ख़ुशबाश'। सबको सब थोड़ी पता होता है। मिसाल के लिए मैंने अंग्रेज़ी के कई शब्द आपसे सीखे।

नसरीन : बिलकुल। मैंने भी कई उर्दू शब्द आपसे सीखे। मैंने ये देखा है कि अगर आप अंग्रेज़ी का कोई शब्द नहीं जानते हैं, तो भी आपका अन्दाज़ा एकदम सही होता है। अगर मैं आपको अंग्रेज़ी अनुवाद के लिए कोई शब्द सुझाती हूँ तो आप एक बार में समझ जाते हैं...

गुलज़ार : ...सवाल ये है कि क्या तर्जुमे का शब्द असली शब्द के क़रीब है और अगर नहीं है, तो क्या वो उस शब्द की आत्मा या एहसास के क़रीब है।

नसरीन : हाँ, सही बात है।

मैंने आपका एक ताज़ा इंटरव्यू पढ़ा था जिसमें आपने कहा, "एक गाना समय और इतिहास में दर्ज हो जाता है।" क्या इसे आप समझाएँगे?

गुलज़ार : जो भी रचनात्मक काम होते हैं उनमें अपने वक़्त और रचनाकार की शख़्सियत की छाया ज़रूर होती है। ठीक इसी तरह से एक ख़ास समय के फ़िल्मी गानों का रीमिक्स नहीं बनना चाहिए क्योंकि वो अपने वक़्त की नुमाइंदगी करते हैं। जैसे कि हम *मुग़ल-ए-आज़म* में नौशाद के गानों को ही ले लें, अगर हम इन गानों में तेज़ बीट डाल दें, तो हमने क्या किया? हमने उन गानों को तबाह कर दिया।

आज हम लैपटॉप पर शीशमहल का सेट तैयार कर सकते हैं जबकि आसिफ़ साहब को 'जब प्यार किया तो डरना क्या' फ़िल्माने के लिए असली शीशमहल बनवाना पड़ा था। सेट पर लाइटिंग बड़ी बारीकी से करनी पड़ी थी वरना कैमरे की झलक और क्रू काँच में नज़र आ जाते। रिहर्सल के लिए निकल चुकी हैं। पैडर रोड में 'शान्ति सदन' में उनका म्यूज़िक रूम था। इसके बावजूद लता जी, आशा जी, रफ़ी साहब जैसे मशहूर गायक-गायिकाएँ उनके घर जाकर ही रिहर्सल करते थे।

अब आर.डी. बर्मन के बारे में आपको बताऊँ। पंचम भी खाना पकाने के लिए पागल रहता था। आशा जी और पंचम के बीच खाना पकाने का मुक़ाबला चलता रहता था। वो भी खाना पकाने में माहिर हैं। जब भी हम रिकॉर्डिंग करते थे, तो काम ख़त्म करने के बाद स्टूडियो में इन्तज़ार करते थे—क्योंकि हमें पता रहता था कि वो घर का बना खाना हमारे लिए लेकर आएँगी।

जबकि पंचम को यूरोपियन डिश पकाने का शौक़ था और वो पोर्क बड़ा अच्छा बनाते थे। उसमें वो बहुत सारी मिर्च डालते थे। मिर्च का उन्हें जैसे जुनून था—वो घर पर हरी मिर्च उगाते थे। वो बर्मा, सिंगापुर और बाक़ी तमाम जगहों से मिर्च के बीज मँगाया करते थे और उन्हें उगाते थे। उनके गैरेज की छत पर मिर्च के पौधों के ढेर सारे गमले भरे हुए थे। वो उनकी क्रॉस-ब्रीडिंग भी करते थे। अगर आप उनकी मिर्च खा लेतीं तो आपके मुँह में जैसे आग लग जाती।

एक और संगीतकार थे, जिन्हें खाना पकाने का बड़ा शौक़ था—वो थे सलिल चौधरी। वो बहुत ही ज़ायक़ेदार चिकन-करी बनाते थे और दोस्तों को अपने घर खाने पर बुलाते थे। जब सलिल दा किचन में खाना पकाते तो उनकी पत्नी सबिता जी और साले जगदीश को अन्दर घुसने की इजाज़त तक नहीं होती थी।

रूप कुमार राठौड़ भी एक बढ़िया कुक हैं। और उनकी बेटी रीवा तो अपने मम्मी-पापा से भी आगे है। एक दिन उसने एक मछली मैरीनेट की और मुझे भेज दी। वो बहुत छोटी है, पर खाना पकाना उसे बहुत पसन्द है। हालाँकि आज के बहुत सारे बच्चे ऐसे हैं—जिन्हें खाना पकाने का ख़ास शौक़ नहीं है।

मैं आज भी समझना चाहता हूँ कि जो महान संगीतकार हैं—उनमें खाना पकाने का इतना शौक़ क्यों होता है।

नसरीन : मुझे लगता है कि कुकिंग आपका टेंशन दूर करती है, सुकून

रिहर्सल के लिए निकल चुकी हैं। पैडर रोड में 'शान्ति सदन' में उनका म्यूज़िक रूम था। इसके बावजूद लता जी, आशा जी, रफ़ी साहब जैसे मशहूर गायक-गायिकाएँ उनके घर जाकर ही रिहर्सल करते थे।

अब आर.डी. बर्मन के बारे में आपको बताऊँ। पंचम भी खाना पकाने के लिए पागल रहता था। आशा जी और पंचम के बीच खाना पकाने का मुक़ाबला चलता रहता था। वो भी खाना पकाने में माहिर हैं। जब भी हम रिकॉर्डिंग करते थे, तो काम ख़त्म करने के बाद स्टूडियो में इन्तज़ार करते थे—क्योंकि हमें पता रहता था कि वो घर का बना खाना हमारे लिए लेकर आएँगी।

जबकि पंचम को यूरोपियन डिश पकाने का शौक़ था और वो पोर्क बड़ा अच्छा बनाते थे। उसमें वो बहुत सारी मिर्च डालते थे। मिर्च का उन्हें जैसे जुनून था—वो घर पर हरी मिर्च उगाते थे। वो बर्मा, सिंगापुर और बाक़ी तमाम जगहों से मिर्च के बीज मँगाया करते थे और उन्हें उगाते थे। उनके गैरेज की छत पर मिर्च के पौधों के ढेर सारे गमले भरे हुए थे। वो उनकी क्रॉस-ब्रीडिंग भी करते थे। अगर आप उनकी मिर्च खा लेतीं तो आपके मुँह में जैसे आग लग जाती।

एक और संगीतकार थे, जिन्हें खाना पकाने का बड़ा शौक़ था—वो थे सलिल चौधरी। वो बहुत ही ज़ायक़ेदार चिकन-करी बनाते थे और दोस्तों को अपने घर खाने पर बुलाते थे। जब सलिल दा किचन में खाना पकाते तो उनकी पत्नी सबिता जी और साले जगदीश को अन्दर घुसने की इजाज़त तक नहीं होती थी।

रूप कुमार राठौड़ भी एक बढ़िया कुक हैं। और उनकी बेटी रीवा तो अपने मम्मी-पापा से भी आगे है। एक दिन उसने एक मछली मैरीनेट की और मुझे भेज दी। वो बहुत छोटी है, पर खाना पकाना उसे बहुत पसन्द है। हालाँकि आज के बहुत सारे बच्चे ऐसे हैं—जिन्हें खाना पकाने का ख़ास शौक़ नहीं है।

मैं आज भी समझना चाहता हूँ कि जो महान संगीतकार हैं—उनमें खाना पकाने का इतना शौक़ क्यों होता है।

नसरीन : मुझे लगता है कि कुकिंग आपका टेंशन दूर करती है, सुकून

देती है। आप कुछ रचते हैं और लोगों को ख़ुशी देते हैं। आप उसमें अपनी तरह से बदलाव भी कर सकते हैं।

क्या आपको खाना पकाना पसन्द है?

गुलज़ार : मैं तो अंडा तक नहीं उबाल सकता। हाँ, अपने लिए चाय ज़रूर बना लेता हूँ। वो भी इसलिए क्योंकि मैं टी-बैग इस्तेमाल करता हूँ। *[दोनों हँसते हैं]*

नसरीन : आपने अनगिनत घंटे रिकॉर्डिंग स्टूडियो में बिताए हैं—आपने बहुत वक़्त साजिन्दों के साथ बिताया होगा।

गुलज़ार : मैं उनमें से बहुतों को जानता हूँ। महान वादकों को, जैसे पं. हरिप्रसाद चौरसिया और पंडित शिवकुमार शर्मा फ़िल्मी गानों में साज बजाते थे। एक और मशहूर बाँसुरी वादक हैं रोनू मजूमदार वो भी। उस्ताद शराफ़त ख़ान, जो संगीतकार साजिद-वाजिद के वालिद थे—फ़िल्मों में तबला बजाते थे।

मारुति राव कीर—जिन्होंने सचिन दा के लिए तबला बजाया और आगे चलकर पंचम के क़रीबी साथी बन गए। उनकी पहली ही फ़िल्म 'छोटे नवाब' से उनके साथ रहे। मारुति ने हमारे गाने 'शाम से आँख में नमी-सी है' में भी तबला बजाया था। इसके अलावा मनोहारी सिंह थे, जो सेक्सोफ़ोन बजाते थे और तरह-तरह की बाँसुरियाँ। पंचम के क़रीबी साथी थे बासु चक्रवर्ती, मारुति राव कीर, मनोहारी सिंह, भानु गुप्ता और सपन चक्रवर्ती। सपन ने फ़िल्मों में भी गाया। पंचम के काम में इनका योगदान बहुत ज़्यादा रहा है।

मैं इन तमाम साज़िन्दों को जानता था। हम एक टीम की तरह थे।

नसरीन : क्या गायक कभी आपसे गाने की रिकॉर्डिंग के दौरान तलफ़्फ़ुज़ के मामले में मदद लेते थे?

गुलज़ार : हाँ, वो मुझसे राय लेते थे। लेकिन रिकॉर्डिंग की टेक्नोलॉजी आज पूरी तरह से बदल गई है। आज तो स्ट्रिंग सेक्शन अलग रिकॉर्ड कर लिया जाता है, इसी तरह रिदम सेक्शन अलग से, हर चीज़ अलग-अलग।

अब तो साज़िन्दे एक-दूसरे को जानते तक नहीं। एक साज़िन्दा आता है, बजाता है, चला जाता है।

एक कम मशहूर गायक कच्चा गाना रिकॉर्ड करता है। उसके बाद मुख्य गायक गाने को रिकॉर्ड करता है। सब कुछ बदल गया है। अब तो मुझे अकसर रिकॉर्डिंग में बुलाया भी नहीं जाता। इसलिए तो अकसर ही 'ख़', 'ग़' जैसे अल्फ़ाज़ के तलफ़्फ़ुज़ की ग़लतियाँ होती हैं। आज ज़्यादातर लोग उर्दू नहीं जानते, इसलिए ये सारी दिक़्क़तें आती हैं। इसमें उनकी ग़लती नहीं है।

नसरीन : आपने 'वक़्त' के बारे में कई गाने और कविताएँ लिखी हैं। जैसे 'आनेवाला पल'।

आनेवाला पल जानेवाला है
हो सके तो इसमें ज़िन्दगी बिता दो
पल जो ये जानेवाला है।

एक बार यूँ मिली, मासूम-सी कली
खिलते हुए कहा, ख़ुशबाश मैं चली
देखा तो यहीं है, ढूँढ़ा तो नहीं है
पल जो ये जानेवाला है।

एक बार वक़्त से लम्हा गिरा कहीं
वहाँ दास्तान मिली, लम्हा कहीं नहीं
थोड़ा-सा हँसा के, थोड़ा-सा रुला के
पल जो ये जानेवाला है।

नसरीन : क़रीब एक करोड़ तीस लाख लोगों ने इस गाने को यू-ट्यूब पर देखा है। 'आनेवाला पल' बहुत ही मशहूर गाना है और एक ऐसे गाने की मिसाल है जिसने सबको छुआ है। ज़िन्दगी में कुछ पल ऐसे होते हैं, हम सब चाहते हैं कि वो पल गुज़र ना जाएँ। पर कुछ समझ आए, उससे पहले वो पल बीत जाते हैं।

क्या आपको इस गाने को ऋषिकेश मुखर्जी को समझाने में कोई

दिक़्क़त पेश आई, जिन्होंने *गोलमाल* का निर्देशन किया था, क्योंकि उर्दू/हिन्दी उनकी भाषा नहीं थी?

गुलज़ार : मैंने तो अपने गाने ए.आर. रहमान तक को समझा दिए! उनकी भाषा तमिल है। ऋषिदा की हिन्दी काफ़ी अच्छी थी, इसलिए मुझे उन्हें एक ही शब्द समझाना पड़ा—'ख़ुशबाश'। सबको सब थोड़ी पता होता है। मिसाल के लिए मैंने अंग्रेज़ी के कई शब्द आपसे सीखे।

नसरीन : बिलकुल। मैंने भी कई उर्दू शब्द आपसे सीखे। मैंने ये देखा है कि अगर आप अंग्रेज़ी का कोई शब्द नहीं जानते हैं, तो भी आपका अन्दाज़ा एकदम सही होता है। अगर मैं आपको अंग्रेज़ी अनुवाद के लिए कोई शब्द सुझाती हूँ तो आप एक बार में समझ जाते हैं...

गुलज़ार : ...सवाल ये है कि क्या तर्जुमे का शब्द असली शब्द के क़रीब है और अगर नहीं है, तो क्या वो उस शब्द की आत्मा या एहसास के क़रीब है।

नसरीन : हाँ, सही बात है।

मैंने आपका एक ताज़ा इंटरव्यू पढ़ा था जिसमें आपने कहा, "एक गाना समय और इतिहास में दर्ज हो जाता है।" क्या इसे आप समझाएँगे?

गुलज़ार : जो भी रचनात्मक काम होते हैं उनमें अपने वक़्त और रचनाकार की शख़्सियत की छाया ज़रूर होती है। ठीक इसी तरह से एक ख़ास समय के फ़िल्मी गानों का रीमिक्स नहीं बनना चाहिए क्योंकि वो अपने वक़्त की नुमाइंदगी करते हैं। जैसे कि हम *मुग़ल-ए-आज़म* में नौशाद के गानों को ही ले लें, अगर हम इन गानों में तेज़ बीट डाल दें, तो हमने क्या किया? हमने उन गानों को तबाह कर दिया।

आज हम लैपटॉप पर शीशमहल का सेट तैयार कर सकते हैं जबकि आसिफ़ साहब को 'जब प्यार किया तो डरना क्या' फ़िल्माने के लिए असली शीशमहल बनवाना पड़ा था। सेट पर लाइटिंग बड़ी बारीकी से करनी पड़ी थी वरना कैमरे की झलक और क्रू काँच में नज़र आ जाते।

नसरीन : जहाँ तक मुझे पता है आर्ट डायरेक्टर एम.के. सैयद ने सेट बनाने में क़रीब छह हफ़्ते लिए थे। काँच बेल्जियम से मँगवाया गया था और ख़ासतौर पर कलाकार जयपुर से बुलवाए गए थे। इस गाने में कई मुश्किल शॉट थे—हम अनारकली की परछाईं छत के काँच में देखते हैं—इस लाइन में—'चारों तरफ़ है उनका नज़ारा'।

आसिफ़ साहब और उनकी यूनिट ने कितनी ख़ूबसूरती से इस सीन को दिखाया था। इस ब्लैक एंड व्हाइट फ़िल्म में तीन रील कलर थीं और ये गाना कलर में फ़िल्माया गया था।

गुलज़ार : हाँ। इसे मोहन स्टूडियो में फ़िल्माया गया था, वहाँ बिमल दा भी काम करते थे। आपने दुरुस्त फ़रमाया—'जब प्यार किया तो डरना क्या' कलर में फ़िल्माया गया था। लेकिन आसिफ़ साहब ने पूरी फ़िल्म को कलर में नहीं सोचा था। अगर उन्होंने ऐसा किया होता तो वो लाइटिंग, सेट और कॉस्ट्यूम उसके हिसाब से तैयार करवाते। आज इस ज़माने में फ़िल्म को कलर बना दिया गया, जबकि आसिफ़ साहब को गए भी अरसा बीत गया है, इस तरह आपने उस दौर का इतिहास ही मिटा दिया।

हमें अतीत की इज़्ज़त करनी चाहिए। अतीत के काम और उन्हें करनेवालों की इज़्ज़त करनी चाहिए। ठीक इसी तरह से हेमन्त कुमार ने अपने गानों में जो साज़ बजवाए हैं, अगर आप उन्हें बदल दें तो आप उस वक़्त के संगीत के इतिहास को भी मिटा देंगे।

बस इसलिए मैं पुराने गानों की रीमिक्सिंग और ब्लैक एंड व्हाइट क्लासिक फ़िल्मों को कलर बनाने के ख़िलाफ़ हूँ। कलाएँ किसी सभ्यता का इतिहास होती हैं।

सही कहा ना मैंने?

नसरीन : बिलकुल। पुराने गाने और *मुग़ल-ए-आज़म* जैसी फ़िल्म भारतीय सिनेमा के सुनहरे वक़्त की नायाब मिसालें हैं। उन्हें क़तई हाथ नहीं लगाना चाहिए।

ब्लैक एंड व्हाइट फ़िल्मों में एक जादू है और मेरा मानना है कि उस दौर में काम कर रहे कलाकार कलर सिनेमा के कलाकारों की बजाय

अमर हो गए हैं। जैसा कि मशहूर अमेरिकी फ़िल्म-समीक्षक रोज़र अलबर्ट ने कहा था—

> "ब्लैक एंड व्हाइट फ़िल्मों में रंग जान-बूझकर नहीं रखे गए हैं। इसलिए वो कलर फ़िल्मों की तुलना में कम यथार्थवादी लगती हैं, क्योंकि असली दुनिया में तो रंग हैं। वो फ़िल्में ज़्यादा सपनों जैसी हैं, ज़्यादा पवित्र हैं, वो अलग-अलग आकृतियों, रूपों और हरकतों और रोशनी और छाया से बनी हैं।"

असल में *मुग़ल-ए-आज़म* को ब्लैक एंड व्हाइट में बनने से उसकी सपनों जैसी करामाती दुनिया ज़िन्दा हो गई है।

क्या आप कभी के. आसिफ़ से मिले थे?

गुलज़ार : हाँ, मुझे याद है कि वो अपनी तीसरी और सबसे छोटी उँगली के बीच सिगरेट फँसाते थे और एक लम्बा कश लेते थे। और अपनी उँगलियों की चुटकी से राख झटक देते थे। उनके चेहरे पर चेचक के दाग़ थे और वो बोस्की-सिल्क से बनी शर्ट पहनते थे और लट्ठे के सूती कपड़े की शलवार। वो ठेठ पंजाबी थे। ये उनकी स्टाइल थी। उनका ठसक से चलना मैं कभी भूल नहीं सकता।

एक बार *मुग़ल-ए-आज़म* के रश-प्रिंट की स्क्रीनिंग थी, इसलिए आसिफ़ साहब ने प्रोड्यूसर शापूर जी को फ़ोन किया, उनसे कहा कि वो पास के सिनेमाघर में फ़िल्म की रीलें भिजवा दें। प्रोड्यूसर ने जवाब दिया, 'फ़िल्म टैक्सी से ले जाओ'।

आसिफ़ साहब ख़ुद अकसर टैक्सी से ही चलते थे, जब उन्होंने प्रोड्यूसर का ये जवाब सुना तो अपनी सिगरेट का एक लम्बा कश लिया, राख को चुटकी से झटका और कहा—

> *मुग़ल-ए-आज़म* का प्रिंट टैक्सी से नहीं जाएगा। उसे क्रिसलर से भेजिए।

नसरीन : तभी तो वो *मुग़ल-ए-आज़म* बना पाए!

इतने सालों में आपने हिन्दी सिनेमा के बीस फ़िल्मफ़ेयर अवार्ड जीते हैं और सर्वश्रेष्ठ गीतकार के तीस नॉमिनेशन आपको मिले हैं। हाल

ही में जो नॉमिनेशन आपको मिला, वो था—'आवे रे हिचकी'—राकेश ओमप्रकाश मेहरा की फ़िल्म *मिर्ज़्या* (2016) के लिए। इसका संगीत शंकर-अहसान-लॉय ने तैयार किया है।

राकेश मेहरा के साथ काम करने में आपको कैसा लगा?

गुलज़ार : उन्हें इस बात की अच्छी समझ है कि संगीत और गीत मिलकर कैसा असर क़ायम करेंगे। उनकी फ़िल्मों के लिए लिखते हुए मुझे सबसे ज़्यादा मज़ा आया। आप इन्हें म्यूज़िकल फ़िल्में कह सकते हैं। कोई और *मिर्ज़्या* जैसी संगीतमय फ़िल्म नहीं बना सकता था। फ़िल्म की शुरुआत से लेकर आख़िर तक जो वॉइस-ओवर है—वो पूरा कविता में है। मैं उनके साथ उनकी अगली फ़िल्म के लिए काम कर रहा हूँ। संगीत के लिए उनका जो रवैया है—वो मुझे गुरुदत्त की याद दिलाता है।

राकेश के भीतर फ़िल्म बनाने का ज़बरदस्त जुनून है और वो अपनी फ़िल्म के हर फ्रेम में पूरी तरह से डूब जाते हैं। वो एक शरीफ़ इनसान हैं। बहुत कम बोलते हैं। वो बहुत ध्यान से सुनते हैं और ये गुण बहुत कम लोगों में होता है। राकेश मेहरा के साथ काम करने में मुझे बहुत मज़ा आया।

नसरीन : मुझे ये बात बड़ी दिलचस्प लगती है कि वो लिप-सिंक गानों का इस्तेमाल नहीं करते। उनकी कई फ़िल्मों में, जिनमें *रंग दे बसन्ती* और *मिर्ज़्या* शामिल हैं, गाने बैक-ग्राउंड में चलते हैं।

गुलज़ार : हाँ, सही बात है। गानों का इस्तेमाल कहानी सुनाने के लिए करते हैं और गानों का इस्तेमाल कहानी के हिस्से के तौर पर करते हैं।

नसरीन : क्या हम *मिर्ज़्या* के गाने 'आवे रे हिचकी' की बात कर सकते हैं?

ये गाना रेगिस्तान की झलक दिखाता है—बिना पत्तों वाला कीकर का पेड़, सूखा पोखर—ऐसी छवियाँ जो एक अकेले प्रेमी की हालत को बयाँ करें। एक बार आपने कहा था कि ये गाना एक राजस्थानी लोकगीत से प्रेरित है और जैसा हम अकसर बातचीत में हिचकी आने पर कहते हैं कि 'कोई तुम्हें याद कर रहा है'—इस बात से प्रेरित है।

निद्रा में किसने याद कियो रे
जगाए सारी रैना रे
पिया जगावे, जिया जगावे, दिया जगावे रे
आवे रे हिचकी।

सन्देसा आयो ना, चिट्ठिया भिजाई
सावन में सूखे नैना रे
तलैया सूखी, कीकर सूखा, भीतर सूखा रे
आवे रे हिचकी।

धूप मुँडेरे चढ़ गयो ढोला, जल गयो सारी छाँव रे
आँगन पार करूँ मैं कैसे, तलवे जले मेरे पाँव के
तलैया सूखी, कीकर सूखा, भीतर सूखा रे
आवे रे हिचकी।

ओ मेरी जानिया रे
शाम ढले जो चाँद चढ़े तो फिर ना रुलैयो रे
ओ मेरी जानिया रे
मेरी जान की सौगंध है याद ना आइयो रे
पिया जगावे, जिया जगावे, दिया जगावे रे
तलैया सूखी, कीखड़ सूखा, भीतर सूखा रे।

नसरीन : मैं निर्देशक शाद अली से एक बार भारतीय सांस्कृतिक जीवन में गानों के महत्त्व पर बात कर रही थी। वो मेरी बात से सहमत थे, उन्होंने बताया कि उन्हें बहुत ख़ुशी होती है क्योंकि उनकी एक फ़िल्म का गाना शादी के गानों में शामिल हो चुका है। वो 'कजरारे' की बात कर रहे थे—जो सन् 2005 में *बंटी और बबली* में आया था।

ये शंकर-अहसान-लॉय के संगीत की भी एक शानदार मिसाल है। इसे गाया था आलीशा चिनॉय, शंकर महादेवन और जावेद अली ने। गाना एक दोहे से शुरू होता है।

राकेश ओमप्रकाश मेहरा द्वारा निर्देशित *मिर्ज़्या* (2016) में हर्षवर्धन कपूर और सैयामी खेर।
फोटो सौजन्य ROM चित्र

ऐसी नज़र से देखा उस ज़ालिम ने चौक पर
हमने कलेजा रख दिया चाकू की नोक पर।

मेरा चैन-वैन सब उजड़ा, ज़ालिम नज़र हटा ले
बरबाद हो रहे हैं जी, तेरे अपने शहर वाले।
मेरी अँगड़ाई ना टूटे तू आ जा

नसरीन : आपने शाद अली की पहली फ़िल्म *साथिया* के सभी गाने लिखे थे। क्या वो आपके क़रीबी दोस्त हैं?

गुलज़ार : मैं उन्हें एक युवा निर्देशक की तरह देखता हूँ, एक छोटे बच्चे की तरह। चेन्नई में उनसे काफ़ी मुलाक़ातें होती थीं, क्योंकि उन दिनों वो मणि सर के असिस्टेंट थे। उनसे विदा लेने से पहले मैं अपनी जेब में से कुछ पैसे निकालकर उन्हें दे दिया करता था, जैसा अमूमन बाप करते हैं बेटों के लिए। इस तरह का प्यार मेरे मन में उनके लिए है।

शाद की परवरिश लखनऊ की तहज़ीब, अदब और कला की दुनिया में हुई है। उनके वालिद मुज़फ़्फ़र अली की रग-रग में सूफ़ियाना शायरी समाई हुई है। अपनी माँ सुभाषिनी अली की वजह से शाद को गहरे सामाजिक सरोकार मिले हैं, उनकी माँ एक पक्की कम्युनिस्ट हैं और ऑल इंडिया डेमोक्रेटिक वूमन एसोसिएशन की प्रेसीडेंट रही हैं। उनकी नानी कैप्टन लक्ष्मी सहगल काफ़ी मशहूर रही हैं, उन्होंने सुभाषचन्द्र बोस के साथ काम किया था। सन् 2002 में लक्ष्मी जी ने राष्ट्रपति का चुनाव लड़ा था लेकिन वो अब्दुल कलाम साहब से हार गई थीं। उन्होंने बहुत समाजसेवा की है। इससे आपको समझ में आ जाएगा कि शाद किस तरह के ख़ानदान से आते हैं।

लेकिन ये भी जान लीजिए कि वो मुझसे उसी तरह लड़ते हैं जैसे मेरी बेटी मेघना मुझसे लड़ती है। जब मैं उनके लिए गाने लिख रहा होता हूँ तो वो ज़ोर देते हैं कि कुछ ख़ास शब्दों का इस्तेमाल किया जाए। कुछ ऐसे शब्द भी सुझाते हैं जो शायद उन्होंने अपने वालिद से लिये हैं। *[हँसते हैं]*

मैं बस यही कहना चाहता हूँ कि शाद मुझे बहुत पसन्द हैं।

कजरारे, कजरारे, तेरे कारे-कारे नैना
ओ मेरे नैना, मेरे नैना, मेरे नैना जुड़वाँ नैना

सुरमे से लिखे तेरे वादे, आँखों की ज़बानी आते हैं
मेरे रूमालों पे लब तेरे बाँध के निशानी आते हैं

(शंकर महादेवन और जावेद अली)

तेरी बातों में किमाम की ख़ुशबू है
तेरा आना भी गर्मियों की लू है
आ जा टूटे ना, टूटे ना अँगड़ाई
कजरारे।

गुलज़ार : फ़िल्म-संगीत में कई जोड़ियाँ हैं, जैसे शंकर-जयकिशन, लक्ष्मीकान्त-प्यारेलाल वग़ैरह। कभी इनमें से कोई एक गाना बनाता है, तो दूसरा बैकग्राउंड स्कोर तैयार करता है। प्यारेलाल जी बैकग्राउंड म्यूज़िक तैयार करते थे, पर वो गाने भी बनाते थे।

यहाँ तो तीन संगीतकारों की एक तिकड़ी है—शंकर, अहसान और लॉय—ये तीनों मिलकर गाने बनाते हैं। ये बहुत दुर्लभ बात है। आपको एक आवाज़ चाहिए, संगीत चाहिए और रिदम चाहिए। इन तीनों को आप अलग नहीं कर सकते। एक कम्पोज़ीशन का सबसे ख़ूबसूरत हिस्सा यही होता है। मेरे ख़याल से गीतकार तो चौथा सदस्य होता है।

इन तीन नौजवानों की टोली कमाल की है। मेरा मानना है कि शंकर पहले लिखे गए गाने की बेहतरीन ट्यून बनाते हैं। बहुत तेज़ हैं वो। वो कुछ बहुत ही दिलचस्प डमी लाइनें लिखते हैं, जिन्हें सुनकर कभी-कभी बड़ी गुदगुदी होती है।

'तू दिल मेरा ले जा, मैं चप्पल पहन के आई'।

जब शंकर स्टेज पर भी गाते हैं तो जनता पर उनका जादू चल जाता है। क्या टीम है ये संगीतकारों की!

नसरीन : 'कजरारे' गाना कैसे शुरू हुआ था?

गुलज़ार : जब शंकर ने मुझे ट्यून दी और डमी वर्ड दिए, उन्होंने कहा—

"डमी वर्ड बदल दीजिएगा गुलज़ार साहब, पर 'कजरारे' मत बदलिएगा।"

मैं बोला, "लेकिन मैंने पहले ही इससे मिलता-जुलता एक गाना लिखा था, जिसे दलेर मेहँदी ने गाया था—'कजरारे नैनावाले, नैना तेरे चम्बल के लुटेरे'।

"गुलज़ार साहब, आज जब मैं नहा रहा था तो लगातार ये गा रहा था—'कजरारे'। ये जुमला मेरे ज़ेहन पर छा गया है, प्लीज़ इसे आप गाने में रखिएगा"।

"अच्छा तो नहाते वक़्त ये तुम्हारे ज़ेहन में छाया रहा, तुम तरोताज़ा हो गए, इसलिए मैं इसे गाने में रखूँ।"

हम दोनों हँसे। इस तरह 'कजरारे' शंकर महादेवन के दिमाग़ की उपज है।

नसरीन : इसके बाद आपने आँखों पर पूरा गाना ही तैयार कर दिया—वो क्या करती हैं, उनका क्या असर होता है, वग़ैरह?

मुझे लगता है कि आपने 'पर्सनल' शब्द का बेहतरीन इस्तेमाल किया है, वो लाइन है—'आँखें भी कमाल करती हैं, पर्सनल से सवाल करती हैं'। अंग्रेज़ी शब्द एकदम सहज रूप से आता है और वो असर भी करता है। मुझे तो हिन्दुस्तानी में इसके बराबर का कोई लफ़्ज़ ही याद नहीं आया—जिसे यहाँ रखा जा सकता हो।

गुलज़ार : मेरा मानना है कि ये गाना ऐश्वर्या राय की वजह से हिट हुआ है। इस गाने की कामयाबी का सेहरा उनके नाम है। पूरे हिन्दुस्तान के लोग इस फ़िल्म को देखने इसलिए गए ताकि उनका डांस देख सकें।

आँखें भी कमाल करती हैं, पर्सनल से सवाल करती हैं
पलकों को उठाती भी नहीं, परदे का ख़याल करती हैं

(शंकर महादेवन और जावेद अली)

ओ मेरा ग़म तो किसी से भी छुपता नहीं
दर्द होता है दर्द जब चुभता नहीं

आजा टूटे ना, टूटे ना अँगड़ाई
कजरारे।

नसरीन : इससे एकदम अलग तरह का गाना है—'हमको मन की शक्ति देना मन विजय करें'। बताइए ना कि गाने का फ़िल्म में किस तरह इस्तेमाल किया गया था?

गुलज़ार : ऋषिदा की फ़िल्म में रोज़ सुबह स्कूल में प्रार्थना होती है और लड़कियाँ इसे गाती हैं। जया बच्चन—उस ज़माने में वो जया भादुड़ी थीं—उन्होंने गुड्डी का किरदार निभाया था। वो स्कूल लेट आई है और जल्दी से प्रार्थना में जा रही है। टीचर ने गुड्डी को आते हुए देख लिया है, उसे आँख मारती है और इशारे से उसे आकर गाने को कहती है। इस तरह प्रार्थना के बीच में ही कहानी भी आगे बढ़ती है।

गाने में एक लाइन है—'साथ दें तो धर्म का, चलें तो धर्म पर'। और आप तो जानते हैं धर्म का मतलब है आस्था। यहाँ मैंने एक तंज़ किया है, क्योंकि फ़िल्म में गुड्डी को फ़िल्म-स्टार धर्मेन्द्र से प्यार है। इसलिए इस लाइन के दोहरे मायने हैं—एक तो ये लाइन कहती है कि हम सही रास्ते पर चलें, पर इस लाइन का फ़िल्म में ये भी मतलब है कि धर्मेन्द्र की तरफ़ चलें।

हालाँकि ये गाना स्कूल की एक प्रार्थना है—पर उसमें भी मैंने हास्य के लिए एक जगह निकाल ली है। ये ठीक वैसा ही है जैसे कार्टूनिस्ट करता है, जैसे कमेंट आपको अमूल बटर के विज्ञापनों में नज़र आते हैं।

नसरीन : एक बार मैंने अमूल बटर का एक विज्ञापन देखा था जिसमें चार नौजवान बिना शर्ट के एक खेत में मौजूद हैं—और कैप्शन है—'यंग दे बसन्ती'। ये *रंग दे बसन्ती* फ़िल्म की तरफ़ एक मज़ाहिया इशारा है, ये फ़िल्म युवा संस्कृति के बारे में थी।

गुलज़ार : मैं मानता हूँ कि संगीतकार वसन्त देसाई की वजह से गाने का वो असर आया है। क्या आपको पता है कि आज भी स्कूलों में 'हमको मन की शक्ति देना' प्रार्थना के रूप में गाया जाता है?

नसरीन : ये गाना किसी श्लोक या प्रार्थना की तरह है।

गुलज़ार : बिलकुल सही कहा आपने। एक दिन हम शंकर-अहसान-लॉय के रिकॉर्डिंग स्टूडियो में थे, शाद अली की फ़िल्म *ओके जानू* पर काम कर रहे थे, और शंकर महादेवन ने पूछा—

> "गुलज़ार साहब, 'हमको मन की शक्ति देना' ये गाना आपने लिखा है क्या?"

इससे पहले कि मैं कुछ बोलता, शाद ने कहा—

> "नहीं, नहीं ये तो पारम्परिक गीत है। एक प्रार्थना है, जो हमारे स्कूल में भी होती थी।"

वहाँ राकेश ओमप्रकाश मेहरा भी मौजूद थे, उन्होंने कहा—

"सही कहा तुमने। मैंने भी स्कूल में सुनी है। शायद गुलज़ार साहब ने इसे *गुड्डी* में इस्तेमाल किया होगा।"

मैं अब तक उन सबको ख़ामोशी से सुन रहा था, मैंने कहा—

> "ये गाना मैंने गुड्डी के लिए लिखा था, फ़िल्म में ये स्कूल की प्रार्थना की तरह चाहिए था। ये कोई पारम्परिक प्रार्थना नहीं है।"

एक बार मैं एक आयोजन में गया था जहाँ अध्यक्ष थे हिन्दी के जाने-माने कवि केदारनाथ सिंह जी। मार्च 2018 में उनका निधन हो चुका है। वो एक वरिष्ठ कवि थे। इस आयोजन में उन्होंने कहा—

> "हम मशहूर बनने के लिए लिखते हैं, हम चाहते हैं कि दुनिया हमें गम्भीरता से ले। लेकिन कई बार ऐसा होता है कि लेखक ख़ुद पीछे रह जाता है और उसका काम उससे कहीं आगे निकल जाता है। मिसाल के लिए जब मैंने एक स्कूल में बच्चों को गुलज़ार साहब का गीत 'हमको मन की शक्ति देना' गाते हुए सुना तो उनसे पूछा कि क्या वो जानते हैं कि ये गाना किसने लिखा है। उन्होंने कहा, ये गाना नहीं है बल्कि एक पारम्परिक प्रार्थना है। स्कूल के बच्चों को पता तक नहीं था कि ये गाना,

जिसे वो रोज़ गाते हैं इसे गुलज़ार साहब ने लिखा है। गुलज़ार का काम उनसे कहीं आगे निकल चुका है।"

उनकी ये तारीफ़ मायने रखती है—ख़ासतौर पर जब केदारनाथ सिंह जैसे कवि ऐसा कह रहे हों। मैंने कभी गाने को इस नज़रिये से नहीं देखा था।

आपने बिमल रॉय की फ़िल्म *परिणीता* का वो गाना सुना होगा, 'गोरे-गोरे हाथों में मेहँदी रचा के'। भरत व्यास ने ये गाना लिखा था। हीरोइन की सहेलियाँ ये गाना गाती हैं। अब उत्तर भारत में हर शादी में ये गाना गाया जाता है।

इसी तरह से 'एक पैसा दे दे' की बात है। पुराने ज़माने में भिखारी यही लाइनें गाते हुए भीख माँगते थे। ज़्यादातर लोगों को नहीं पता कि इसे प्रेम धवन ने लिखा था। सोचिए कि उनके लिखे शब्द मज़लूम भिखारियों की आवाज़ बन गए।

लता जी और रफ़ी साहब के गाये अनगिनत ऐसे गाने हैं जो हमारी तहज़ीब और हमारे ज़ेहन का हिस्सा बन गए हैं।

नसरीन : इस गाने पर एक नज़र डाली जाए :

हमको मन की शक्ति देना मन-विजय करें
दूसरों की जय से पहले ख़ुद को जय करें

भेद-भाव अपने दिल से साफ़ कर सकें
दोस्तों से भूल हो तो माफ़ कर सकें
झूठ से बचे रहें सच का दम भरें
दूसरों की जय से पहले ख़ुद को जय करें

मुश्किलें पड़ें तो हम पे इतना करम कर
साथ दें तो धरम का, चलें तो धरम पर
ख़ुद पे हौसला रहे बदी से ना डरें
दूसरों की जय से पहले ख़ुद को जय करें।

नसरीन : फ़िल्म-संगीत ने दक्षिण एशिया में संगीत की एक नई परम्परा

शुरू की है और जैसा कि आप कहते हैं गानों का सिनेमा के पार अपना एक सफ़र होता है।

गुलज़ार : *गुड्डी* का गाना इसकी बेहतरीन मिसाल है लेकिन ये मत समझिएगा कि मैं अपनी ही तारीफ़ करना चाहता हूँ।

नसरीन : मेरे ख़याल से केदारनाथ सिंह जी ने बहुत अच्छे ढंग से आपकी तारीफ़ पहले ही कर दी है। वाणी जयराम को इस गाने के लिए किसने चुना था?

गुलज़ार : संगीतकार वसन्त देसाई ने। वो अपनी तरह से सोचनेवाले शख़्स थे।

शिवाजी पार्क में उनका म्यूज़िक रूम था, जहाँ वो काम करते थे। वो ऊपर वाले से डरनेवाले एक नेक इनसान थे, ठेठ मराठी, अपनी संस्कृति में रचे-बसे। उन्हें महाराष्ट्र के लोक-संगीत और नौटंकी की परम्परा के बारे में काफ़ी जानकारी थी—लावणी कलाकारों के बारे में उनकी जानकारी अद्‌भुत थी।

शिवाजी पार्क वाले उनके म्यूज़िक रूम में ही मैं पहली बार वाणी जयराम से मिला था। मैंने देखा कि ब्रेक में वो अपनी कॉपी में फूल बना रही हैं—उसका डंठल बनाती हैं और उसमें से एक और फूल उठता हुआ बनाती हैं। जैसे ही उन्हें ये एहसास हुआ कि मैं उन्हें देख रहा हूँ, उन्होंने फ़ौरन अपनी नोटबुक छिपा ली। मुझे ऐसा लगा मानो वो कोई स्कूल में पढ़नेवाली बच्ची हैं।

नसरीन : क्या आपको लगता है कि वाणी जयराम की गायकी में वो किशोर लड़की वाला मिज़ाज है—बिलकुल गुड्डी के किरदार की तरह?

गुलज़ार : बिलकुल। यही तो वसन्त दादा का भी मानना था। गुड्डी का बारिश वाला गीत 'बोले रे पपीहरा' इस फ़िल्म के लिए उनका रिकॉर्ड किया गया पहला गाना था। वाणी कमाल का गाती थीं।

नसरीन : उनकी आवाज़ जया बच्चन पर एकदम फिट भी बैठी थी। वो बहुत प्यारी लगी थीं।

गुलज़ार : कौन? वाणी या जया?

नसरीन : जया जी—गुड्डी।

गुलज़ार : जी हाँ, वो बहुत प्यारी लगी थीं।

एक दिन मैंने ऋषि दा को एक कहानी सुनाई—*गुड्डी*। कहानी उन्हें पसन्द आ गई। उन्हें याद रह गई और उन्होंने तय कर लिया कि इस पर कभी फ़िल्म बनाई जा सकती है। कुछ महीनों बाद उन्होंने कहा—

"तुम्हें वो कहानी याद है, एक लड़की की—जिसे एक फ़िल्म-स्टार से प्यार हो जाता है...।"

"अच्छा वो *गुड्डी*?...जो मैंने आपको सुनाई थी।"

"ओह हाँ, याद आया, वो तो तुमने ही सुनाई थी।"

वो जान-बूझकर बन रहे थे। ये उनका अपना स्टाइल था।

"क्या ऋषि दा, भूल गए आप, मैंने ही तो सुनाई थी।"

गुड्डी मेरी बहन की कहानी थी, जिन्हें हम जीत कहते हैं। उनका असली नाम है सुरजीत कौर। जीत की एक आदत थी, पत्रिकाओं में से दिलीप कुमार की तस्वीरें काट लेती थीं और उन्हें अपनी नोटबुक में प्यार से चिपका लेती थीं। इससे मेरे मन में ये आइडिया आया था कि एक लड़की की कहानी लिखी जाए, जिसे एक फ़िल्म-स्टार से प्यार हो जाता है।

मेरे ख़याल से *गुड्डी* 1960 के ज़माने में प्रकाशित हुई थी और कहानियों के मेरे पहले संग्रह में आई थी जिसका नाम था—'चौरस रात'।

जब ऋषि दा ने इस पर फ़िल्म बनाने का फ़ैसला किया तो मैंने इसका स्क्रीन-प्ले और डायलॉग लिखे।

नसरीन : *गुड्डी* के लिए कलाकारों का चुनाव कैसे हुआ?

गुलज़ार : मैं डिम्पल से एच.एस. रवैल के घर में मिला था। मैंने जिस किरदार की कल्पना की थी—वो बिलकुल वैसी ही थी। मुझे पता था कि डिम्पल अदाकारा बनना चाहती हैं इसलिए मैंने ऋषि दा से कहा कि आप उससे मिल लीजिए। पर वो फ़ैसला नहीं कर पा रहे थे इसलिए फ़िल्म शुरू नहीं हो पा रही थी।

हर थोड़े दिन में वो छोटू-दा यानी अपने छोटे भाई डी.एन. मुखर्जी और मुझसे कहते थे—

"पुणे फ़िल्म इंस्टीट्यूट में एक लड़की है जो इस रोल के लिए एकदम सही है।"

छोटू-दा और मैं हर तरीक़े से ऋषि दा को धकेलते थे कि वो इस फ़िल्म को शुरू कर दें। एक दिन सुबह-सुबह हमने उनसे कहा कि हम एक शानदार लोकेशन पर जा रहे हैं, आप भी हमारे साथ चलिए। हमने बहाना बनाया था। ऋषि दा ने अपनी छड़ी उठाई और पूछा—

"वहाँ पहुँचने में कितना वक़्त लगेगा?"

"दादा, चलिए ना! वैसे भी आपको यहाँ कोई काम तो है नहीं। चलते हैं ना।"

मैं गाड़ी चला रहा था और हम पुणे की तरफ़ बढ़ चले। उन दिनों में हमें ठाणे से होकर जाना पड़ता था, पुराने रास्ते से। ये जो मुम्बई-पुणे एक्सप्रेस-वे है—वो तब नहीं था। रास्ते में हमने तय किया कि तलोजा में बिरयानी खाई जाए। तब तक ऋषि दा समझ गए थे कि ये क्या हो रहा है।

आख़िरकार हम पुणे पहुँचे और सीधे फ़िल्म एंड टेलीविज़न ट्रेनिंग इंस्टीट्यूट गए वहाँ हम FTII के डायरेक्टर मुरली जी से मिले, ऋषि दा ने उन्हें समझाया कि हम जया भादुड़ी से मिलने आए हैं। उसे मुरली के कमरे में बुलवाया गया। जया आई, उसने घाघरा-चोली पहन रखी थी और वो एक प्यारी-सी छोटी बच्ची की तरह लग रही थी। बहुत ही हँसमुख और प्यारी-सी। जया की शख़्सियत सबको भा गई। और हमें पता लग गया था कि गुड्डी के किरदार की जो ईमानदारी और मासूमियत है—उसे जया निभा सकती है। FTII के डायरेक्टर ने हमें उसकी डिप्लोमा फ़िल्म भी दिखाई, उसके बाद ऋषि दा ने जया से बातचीत की। हम बहुत ख़ुश थे कि उन्होंने जया को फ़िल्म के लिए चुन लिया था।

नसरीन : फ़िल्म में उन्होंने कमाल का अभिनय किया है। मुझे लगता है कि उन्होंने सबसे पहले सत्यजीत रे की फ़िल्म *महानगर* में काम किया था ना?

गुलज़ार : सही कहा आपने। वो बहुत ही प्रतिभाशाली कलाकार हैं। अगर मुझे सही याद है तो गुड्डी में लीड रोल अमिताभ करनेवाले थे। लेकिन शूटिंग शुरू होने के दो दिन बाद उन्होंने फ़िल्म छोड़ दी। बोजो [समित भांजा] कोलकाता के एक स्टार थे—जिन्हें उनकी जगह पर लिया गया था। बोजो भी कमाल के कलाकार थे। उन्होंने बांग्ला फ़िल्म *अपन जन* में काम किया था, इसी फ़िल्म से प्रेरित होकर मैंने आगे चलकर *मेरे अपने* बनाई थी।

गुड्डी के दौरान एक और मज़ेदार घटना हुई, मुझे लगता है कि इसके बारे में आपको ज़रूर बताना चाहिए। हम जनवरी 1971 में दिल्ली में थे। जनता की क्या प्रतिक्रिया हुई, ये जानने के लिए हम पहले दिन, पहला शो देखना चाहते थे। इसलिए हम डिलाइट सिनेमा में गए।

गुड्डी जब ख़त्म होनेवाली है, जया जी सूरदास का भजन गाती हैं, जैसे ही ये सीन आया, दर्शकों ने हँसना और हूट करना शुरू कर दिया। हम एकदम सन्न रह गए—क्योंकि ये तो हमारी फ़िल्म का क्लाइमेक्स है। ऋषि दा सिप्पी साहब [प्रोड्यूसर एन.सी. सिप्पी] के साथ सिनेमा हॉल के बाहर आए। उन्होंने आर्ट डायरेक्टर अजीत दा [अजीत बैनर्जी] को मुम्बई कॉल किया, वो ऋषि दा के बहनोई थे। उन्होंने अपने घर की छत पर सेट लगवाने की हिदायत दी और बताया कि वो आज रात ही मुम्बई वापस लौटेंगे और आख़िरी हिस्सा दोबारा शूट किया जाएगा। ऋषि दा देख रहे थे कि फ़िल्म डूब रही है।

सिप्पी साहब हर चीज़ के लिए तैयार रहते थे। वो कारोबार में ऋषि दा के पार्टनर भी थे। इस तरह वो मुम्बई वापस गए और अगले दिन सीन शूट किया गया। सूरदास के भजन की जगह जया अब बिमल रॉय की फ़िल्म *मधुमति* के गाने 'आजा रे परदेसी' पर होंठ हिलाती नज़र आ रही थीं। इस फ़िल्म को ऋषि दा ने ख़ुद ही एडिट किया था। मुझे नहीं पता कि अचानक ऋषि दा को कैसे इस गाने का ख़याल आया होगा, पर पता नहीं कोई आइडिया उनके मन में कौंधा और उन्हें समझ में आ गया कि क्या करने की ज़रूरत है।

एक बार जब गाना तैयार हो गया, एन.सी. सिप्पी के सामने नेगेटिव में इस नये सीन को जुड़वाने की चुनौती थी और देश-भर में जो प्रिंट भेजे जा

चुके थे—उनमें भी इस सीन को जोड़ना ज़रूरी था। सिप्पी साहब कमाल के और सुलझे हुए प्रोड्यूसर थे। उन्होंने बड़ी सूझबूझ से इसे अंजाम दिया। कुछ ही दिनों में उन्होंने सब ठीक कर लिया।

वही फ़िल्म जो आख़िरी सीन की वजह से डूब रही थी, बहुत बड़ी हिट हो गई। ऋषि दा के साथ काम करते हुए मैंने इस तरह के बहुत करिश्मे होते देखे।

नसरीन : भजन की जगह 'आजा रे परदेसी' जैसे हिट गाने को रखने का फ़ैसला उनकी कमाल की सोच को दिखाता है!

मुझे पूरा यक़ीन है कि उस वक़्त ये एक नायाब आइडिया रहा होगा। उस ज़माने की फ़िल्मों में दूसरी फ़िल्मों के गानों का इस्तेमाल नहीं किया जाता था, जैसा आज की फ़िल्मों में कर लिया जाता है। आज तो अकसर ही किसी नई फ़िल्म में पुरानी फ़िल्म का गाना बैक-ग्राउंड में बजता हुआ सुनाई पड़ जाता है। ये अतीत की याद तो दिलाता ही है, इसके साथ ही अगर किसी पुराने क्लासिक गाने का असरदार तरीक़े से इस्तेमाल किया जाए तो दर्शकों के उससे जुड़े एहसास उभारे जा सकते हैं। मुझे याद आता है कि *अलीगढ़* फ़िल्म में प्रोफ़ेसर सिरस 'आपकी नज़रों ने समझा प्यार के क़ाबिल मुझे' सुन रहे होते हैं। यहाँ गाने के एकदम नये मायने निकलते हैं, क्योंकि सिरस को लगता है कि ये गाना उनके जज़्बात को बयाँ कर रहा है।

गुलज़ार : आपकी बात एकदम सही है।

नसरीन : हमने *गुड्डी* के आपके गाने के असर की बात की और जाना कि कैसे वो भारत में स्कूलों की प्रार्थना बन गया है। जब आप स्कूल में थे तो कौन-सी प्रार्थना गाई जाती थी?

गुलज़ार : मैं दिल्ली में सब्ज़ी मंडी में एम.बी. मिडिल स्कूल में पढ़ता था। प्रार्थना के वक़्त हम गाते थे—'लब पे आती है दुआ बन के तमन्ना मेरी, ज़िन्दगी शमा की सूरत हो ख़ुदाया मेरी'। पाकिस्तान के नामी शायर और स्कॉलर सर अल्लामा मोहम्मद इक़बाल ने इसे लिखा था।

हम रोज़ाना क्लास शुरू होने से पहले इसे गाया करते थे। अल्लामा इक़बाल साहब ने ही 'सारे जहाँ से अच्छा हिन्दोस्तां हमारा' भी लिखा था।

मुझे याद है कि मेरे टेनिस क्लब में एमिल जोशी ने एक बार कहा—"गुलज़ार साहब, क्या आपको पता है कि ये गीत एक मुस्लिम शख़्स ने लिखा था?"

मैंने मुस्कुराकर जवाब दिया, "वो मुस्लिम ही नहीं थे बल्कि पाकिस्तान के एक जाने-माने शायर और स्कॉलर भी थे।"

"तो फिर उन्होंने ये क्यों लिखा?"

'ज़रा इसकी गहराई में उतरिए, तआस्सुब/ पूर्वग्रह भूल जाइए, तब आपको समझ में आएगा'। इस कविता की एक लाइन ये भी है—'मज़हब नहीं सिखाता आपस में बैर रखना, हिन्दी हैं हम वतन है हिन्दोस्तां हमारा'।

मैंने एमिल जोशी को ये समझाने की कोशिश की कि सन् 1900 के ज़माने में शायर ने इसे लिखा था, तब वो हिन्दुस्तान और पाकिस्तान को अलग-अलग नहीं सोच रहा था। पाकिस्तान का विचार ही बाद में पैदा हुआ है। शायर ने तो इस सबसे ऊपर सोचा है। उन्होंने तो इनसानों की बात की है और ये कहा कि हमें तआस्सुब नहीं रखना है, हमें प्यार बढ़ाना है। ये शायर बेमिसाल थे। उनका जवाब नहीं है।

नसरीन : बिलकुल सही।

आपने तो लोकप्रिय सिनेमा के कई निर्देशकों के साथ काम किया है। मुझे लगता है कि नए सिनेमा के निर्देशकों के साथ भी तो आपका कुछ काम होगा ना?

गुलज़ार : नब्बे के ज़माने में मैंने कुमार शाहनी की फ़िल्म 'क़स्बा' की स्क्रिप्ट और डायलॉग लिखे थे। हम पाली हिल में एक आरामदेह कमरे में बैठते थे, जहाँ मेरा ऑफ़िस है। मैंने कुमार की इससे पहले की फ़िल्म 'तरंग' के लिए एक गाना भी लिखा था—जिसे कम्पोज़ किया था एक बहुत ही माहिर और अनूठे संगीतकार वनराज भाटिया ने। वो पियानो पर राग बजाकर सुनाते थे। उन्हें सुनना एक यादगार तजुर्बा होता था।

मुझे याद है कि एक बार हम सब बैठे थे, श्याम बेनेगल और स्मिता पाटिल भी हमारे साथ थे। हम मॉस्को फ़िल्म फ़ेस्टिवल में गए हुए थे। स्मिता बेहतरीन इनसान थीं, कमाल की अदाकारा और एक शख़्स के तौर पर ज़बरदस्त। एक दिन फ़ेस्टिवल के आयोजकों ने हमें समरकन्द की

अमोल पालेकर और जरीना वहाब अभिनीत 'घरौंदा' (1970) का एक पोस्टर।
पटकथा और गीत गुलज़ार के।

सैर पर ले जाने का फ़ैसला किया। इस टूर के दौरान मैंने श्याम बेनेगल से कहा कि मैं किसी फ़िल्म में उन्हें असिस्ट करना चाहता हूँ। मैंने उन्हें यक़ीन दिलाया कि मैं बहुत ही संजीदा तरीक़े से ये बात कह रहा हूँ। मैंने ये भी कहा कि मेरी ट्रेनिंग महान फ़िल्मकार बिमल रॉय के साथ हुई है। मुझे लगता है कि नए सिनेमा की कहानियाँ साहित्य के ज़्यादा क़रीब हैं। इसलिए मैं इस प्रोसेस के बारे में ज़्यादा जानना चाहता हूँ। श्याम बाबू हँस पड़े और उन्होंने कहा—

"मैंने घरौंदा देखी है और मुझे आपका लिखा स्क्रीन-प्ले पसन्द आया था। मुझे आपका स्क्रीन-प्ले अच्छा लगता है। देखते हैं कभी।"

स्मिता ने फ़ौरन पूछा—"गुलज़ार साहब, आप इन्हें क्यों असिस्ट करना चाहते हैं?"

हम समरकन्द में मशहूर बीवी ख़ानिम मस्जिद के सामने बैठे बातें करते रहे। पास में ही एक आदमी अपना चाकू तेज़ कर रहा था। उसके पहिये पर जब भी चाकू पड़ता तो उसमें से चिंगारियाँ निकलने लगतीं। आपको पता है ना चाकू कैसे तेज़ करते हैं?

नसरीन : जी हाँ, ये पुराना तरीक़ा है। कुछ छवियाँ हमेशा के लिए आपके ज़ेहन पर छप जाती हैं, अजीब बात है ना।

श्याम बेनेगल की बात पर वापस आती हूँ, क्या आपने कभी उनके साथ काम किया?

गुलज़ार : कुछ बरस बाद, उन्होंने मुझसे 'मम्मो' के गाने लिखने को कहा। और मैंने लिखा—"हज़ार बार रुके हम, हज़ार बार चले'। वनराज भाटिया ने वो ग़ज़ल कम्पोज़ की थी और जगजीत सिंह ने उसे गाया था। ये गाना भारत और पाकिस्तान के बीच का जो फ़ासला है—एक तरह से उसकी बात करता है।

श्याम बेनेगल ने मुझे बस अपने साथ काम करने का यही एक मौक़ा दिया था। मैंने उनसे कहा, "श्याम बाबू, आपने आख़िरकार मुझे ब्रेक दे ही दिया।"

हमेशा की तरह वो हँसे। वो काफ़ी गर्मजोशी वाले प्यारे इनसान हैं। शायद श्याम से ये शिकायत तो रहेगी मेरी।

नसरीन : क्या आप मणि कौल को जानते थे?

गुलज़ार : एक बार हम पुणे फ़िल्म इंस्टीट्यूट में दो दिन साथ रहे थे। हमने सिनेमा के बारे में काफ़ी बातें कीं। मेरा मानना ये था कि उनकी ज़्यादातर फ़िल्में हक़ीक़त और भरम का एक मिला-जुला रूप हैं। मैंने उनसे कहा कि मुझे आपकी फ़िल्में समझ में नहीं आती हैं। ये भी पूछा कि उनकी फ़िल्मों में साउंड, सिंक में क्यों नहीं लगता है। मुझे नहीं पता कि उनकी फ़िल्में अपने समय से आगे हैं या फिर मुझे अभी सिनेमा के बारे में और समझने की ज़रूरत है।

ठीक इसी तरह से जब मैंने पिकासो की पेंटिंग देखी, तो मुझे लगा कि आख़िर इनमें नाक या आँखें वहाँ क्यों नहीं हैं जहाँ होनी चाहिए। बाद में मुझे समझ में आया कि यथार्थवादी पोर्ट्रेट जल्दी ही उबाऊ बन जाता है क्योंकि उसका विषय तो वही है, जबकि पिकासो की पेंटिंग के बारे में मेरी समझ का दायरा खुलता चला गया—आप उनमें डूब जाते हैं और आपको उनके नये मायने समझ में आने लगते हैं।

जब मैं सपने देखता हूँ तो उनकी छवियाँ 'सिंक' में नहीं होतीं पर वो मेरी हक़ीक़त हैं क्योंकि वो मुझसे ही तो उपजी हैं। सपने तो हक़ीक़त से ही पैदा होते हैं ना, जिये हुए तजुर्बों से। तो मणि की फ़िल्मों में हक़ीक़त का सपनों जैसा रूप होता है। मणि ने ऊपर देखा और बोले—

"गुलज़ार साहब, काश हमारी ये बातचीत पहले हुई होती तो मैं अपनी फ़िल्मों को ज़्यादा अच्छी तरह समझ पाता।"

हम दोनों हँस पड़े। मुझे उनके साथ बड़ा मज़ा आया था।

कई बरस बाद, जब मुझे ओसियान में अवॉर्ड दिया गया, तो उसका 'साइटेशन' मणि कौल ने ही पेंट किया था और हाथ से लिखा था। मैंने उसे काफ़ी सँभाल कर रखा था पर अफ़सोस वो टूट गया। ये मेरे लिए एक बड़ा नुक़सान था। उनके साथ वक़्त बिताना मेरी ख़ुशनसीबी थी। वो बेहतरीन उर्दू और हिन्दी बोलते थे। वो अभिनेता राजकुमार के रिश्तेदार थे और महेश कौल के भतीजे थे।

मणि कौल ने एक बार *आषाढ़ का एक दिन* पर राजकुमार की प्रतिक्रिया के बारे में बताया था। उन्होंने राजकुमार की आवाज़ निकालते

हुए ठीक उन्हीं की स्टाइल में कहा—

"अरे मियाँ, कोई ढंग की फ़िल्म बनाइए जिसमें कोई ज़बान हो। यहाँ तो कोई बोलता है तो होंठ हिलते नहीं।"

नसरीन : *[दोनों हँसते हैं]* बहुत मज़ेदार।

आपने कई अलग-अलग मुद्दों पर फ़िल्मों का निर्देशन किया है। मैं *मीरा* के बारे में बात करना चाहती हूँ जो सन् 1979 में रिलीज़ हुई थी। जब आपने इस फ़िल्म को बनाने का फ़ैसला किया तो पंडित रविशंकर को ही बतौर संगीतकार क्यों चुना? ये एक अनूठा-सा चुनाव था, है ना?

गुलज़ार : वो कहते हैं ना : 'मुझे आपकी बात पर यक़ीन है पर मैं आश्वस्त नहीं हूँ।" और इस तरह मैंने लता जी की बात पर यक़ीन किया जब उन्होंने कहा—

"मैं मीरा में गाना नहीं चाहती, क्योंकि मैंने अभी-अभी एक एलबम किया है, जिसमें मीरा के भजन हैं और उन्हें हृदयनाथ [मंगेशकर] ने कम्पोज़ किया है।"

मैंने उनकी बात मान ली पर मैं आश्वस्त नहीं था। और चूँकि लता जी नहीं गा रही थीं, लक्ष्मीकान्त-प्यारेलाल जिन्हें मैंने संगीत के लिए चुना था, उन्होंने भी तय कर लिया कि वो फ़िल्म का संगीत नहीं देंगे। अब बड़ी दिक़्क़त खड़ी हो गई क्योंकि हमने सेट बना लिए थे और मुझे शूटिंग शुरू करनी थी।

पंचम भी संगीत देने के लिए तैयार नहीं था, वजह थी आशा जी के साथ उसका रिश्ता। वो इस मामले में पड़ना नहीं चाहता था। आप जानती हैं कि पंचम मेरे कितना क़रीब था, उसके मना करने का मतलब समझ सकता था, जो वो कह नहीं पा रहा था वो भी मैं समझ गया। मुझे सबकी बात पर यक़ीन था, पर मैं आश्वस्त नहीं था। नतीजा ये हुआ कि कोई भी संगीतकार काम करने को राज़ी नहीं था।

जब मैं फ़िल्मों का निर्देशन कर रहा था, तो ख़ुशक़िस्मत था कि कई अच्छे प्रोड्यूसरों के साथ मैंने काम किया, जिन्होंने मुझ पर यक़ीन किया। प्रेमजी के साथ भी ऐसा ही था—जो मीरा के प्रोड्यूसर थे। मैं फ़िल्म के

लिए संगीतकार की तलाश में जद्दोजहद कर रहा था, तभी उनसे पूछा—

"क्या हम पंडित रविशंकर जी को ले सकते हैं?"

"हाँ बिलकुल, पर वो अमेरिका में हैं।"

प्रेमजी ने मुझे सलाह दी कि हम प्रोड्यूसर हितेन चौधरी के ज़रिये उनसे सम्पर्क करें। हितेन कभी बिमल दा के साथ काम करते थे और पंडित रविशंकर के अच्छे दोस्त थे। हितेन दा पंडित रविशंकर को उनके नाम से पुकारते थे—'रोबि'। जब उन्होंने पंडित रविशंकर से बात की तो जवाब मिला, पंडित जी तभी फ़िल्म करेंगे जब उन्हें स्क्रिप्ट पसन्द आएगी। तो प्रेमजी ने मुझसे कहा कि मैं हितेन चौधरी के साथ न्यूयॉर्क जाऊँ और पंडित जी से मिलूँ। इस तरह मैं पहली बार अमेरिका गया। पहली बार मैं पंडित जी से मिला। हालाँकि मैंने इससे पहले कई बार उनके कॉन्सर्ट देखे थे।

जब मैं न्यूयॉर्क पहुँचा, ये 1976 की गर्मियों की बात है, हम होटल में गए, जहाँ उन्होंने हमारे ठहरने का इन्तज़ाम कर रखा था। पंडित जी ने ख़बर दी कि वो कल दूसरे शहर से कॉन्सर्ट करके वापस आएँगे और तब मुलाक़ात करेंगे। जब मैंने पंडित रविशंकर को होटल की लॉबी से अन्दर आते हुए देखा, उन्होंने सफ़र के कपड़े पहन रखे थे। एक रंगीन बुश-शर्ट और जींस। मेरे मन में उनकी ये छवि तो नहीं थी। उसके बाद मैंने कभी उन्हें जींस पहने नहीं देखा। *[हँसते हैं]*

पंडित जी बहुत ही ज़िन्दादिल थे। बड़े दिल वाले एक मज़ाक़िया इनसान। मैंने उन्हें *मीरा* की स्क्रिप्ट दी और उनसे पूछा कि अगर वो चाहें तो मैं पढ़कर सुना सकता हूँ—जैसा भारत में अकसर होता है। पर उन्होंने कहा कि वो ख़ुद पढ़ लेंगे। रात-भर में उन्होंने स्क्रिप्ट पढ़ ली और अगली सुबह मुझसे कहा—"मुझे स्क्रिप्ट बहुत पसन्द आई है, मैं ये फ़िल्म करूँगा, पर गाने कौन गाएगा?"

"लता जी गाने को राज़ी नहीं हैं।"

मैंने पंडित जी को सारी स्थिति समझाई और उन्होंने मुझसे कहा कि मैं लता जी से फिर से बात करूँ। उनसे पूछूँ कि क्या हम गाने वाणी जयराम से गवा लें। मुझे वाणी जयराम के चुनाव पर कोई एतराज़ नहीं था।

इत्तेफ़ाक़ की बात ये कि तब लता जी भी अमेरिका में ही थीं, और वो

वॉटरगेट होटल वॉशिंगटन में रुकी थीं। वो महान गायक मुकेश जी और उनके बेटे नितिन के साथ टूर पर निकली थीं। अगले दिन मैंने होटल में फ़ोन लगाया और मुकेश जी के कमरे में फ़ॉरवर्ड करवाया।

"नितिन?"

"मैं नितिन का बाप बोल रहा हूँ, गुलज़ार?"

दोनों की आवाज़ इतनी मिलती-जुलती थी कि मैं फ़र्क़ नहीं कर पाता था। मैंने मुकेश जी से बात की और उनसे लता जी का रूम नम्बर पूछा। जब मैंने लता जी को कॉल लगाया, वो बोलीं—

"अगर वाणी जयराम आपकी फ़िल्म के लिए गाती है तो मुझे कोई दिक़्क़त नहीं है।"

मैं कभी सपने में भी नहीं सोच सकता था कि ये मुकेश जी से मेरी आख़िरी बार बात हो रही है। वो भारत नहीं लौटे। 1976 के उसी टूर में डेट्रॉइट में उनकी मौत हो गई। ज़िन्दगी में कुछ अजीब-से इत्तेफ़ाक़ होते हैं।

नसरीन : सन् 1976 में जब आप पंडित रविशंकर से मुलाक़ात करने अमेरिका गए थे तो क्या फ़ौरन वापस लौट आए थे?

गुलज़ार : नहीं, मैं अमेरिका में कुछ दिन रुका और कई शहरों में उनके साथ गया। उनके कॉन्सर्ट सुने। मुझे याद है कि एक बार शाम से सुबह तक का कॉन्सर्ट एक चर्च में हुआ था। जब मैं भारत लौटने लगा तो पंडित जी बोले—

> "मैं सितम्बर में वहाँ आऊँगा और आपकी फ़िल्म पर काम शुरू करूँगा।"

मैं चाहता था कि जितनी जल्दी हो सके, हम रिकॉर्डिंग पूरी कर लें, क्योंकि सेट तैयार थे और मुझे जल्दी से शूटिंग शुरू करनी थी।

पंडित जी के साथ बीता वक़्त बहुत यादगार था। उसी ट्रिप में मैं दीप्ति नवल से भी मिला था। वो एक रेडियो स्टेशन में काम करती थीं और मेरा इंटरव्यू करने आई थीं। उनके बहुत लम्बे बाल थे—वो जो छवि है दीप्ति की—वो मुझे याद रह गई। जब वो लौटने लगीं तो बोलीं—

"किसी से कहिएगा मत, पर मैं फ़िल्मों में काम करना चाहती हूँ।"

जब भी हम मिलते हैं, मैं उसे चिढ़ाता हूँ—

"किसी से कहिएगा मत, पर मैं फ़िल्मों में काम करना चाहती हूँ।"

शायद उसके माता-पिता को एतराज़ रहा होगा। ठीक से पता नहीं। मैं उसी दौरान सुनील दत्त से भी मिला था, जिन्हें मैं मुम्बई से जानता था।

नसरीन : क्या उस्ताद अल्लारक्खा ख़ाँ भी तब अमेरिका में थे?

गुलज़ार : हाँ वो पंडित जी के सारे कंसर्ट में साथ थे और तबले पर संगत दे रहे थे। ख़ान साहब मुझसे पंजाबी में बात करते थे।

मैंने पहले ज़िक्र किया था ना, वो इसी ट्रिप की बात है। ख़ान साहब ने अपने हाथों से सबके लिए मटन करी बनाई थी। वो लोग जिस फ़्लैट में रुके थे, उसमें एक दिन अल्लारक्खा ख़ाँ साहब अपनी एक अमेरिकन स्टूडेंट को तबला सिखा रहे थे। वो 'बोल' सुना रहे थे और वो लड़की बजा रही थी। ये सब तब हो रहा था जब वो किचन में मटन पका रहे थे। 'सम' पर उन्होंने कड़ाही के ढक्कन पर चोट की और कहा—'धा'। मुझे तो मज़ा आ गया।

वो एक शानदार इनसान थे। मैं ख़ुशनसीब हूँ कि मैं उस पीढ़ी के कलाकारों से मिल सका और ऐसे क़द्दावर कलाकारों के साथ काम कर सका। ये मेरी ख़ुशनसीबी है।

नसरीन : *मीरा* की रिकॉर्डिंग किस तरह हुई थी?

गुलज़ार : नौ दिनों में रवि जी ने चौदह से सोलह पीस रिकॉर्ड कर दिए थे और नौ भजन भी। हम महबूब स्टूडियो बान्द्रा में रिकॉर्ड कर रहे थे। वो इतने अनुशासित थे! मुझे लगता है कि सभी महान कलाकारों के पीछे यही अनुशासन काम कर रहा होता है।

नसरीन : क्या पंडित रविशंकर को वाणी जयराम के साथ काम करना अच्छा लगा था?

गुलज़ार : उन्हें वाणी पर पूरा भरोसा था। वो हर सुर को याद कर लेती थीं और बड़ी कुशलता से निभाती थीं। उन्होंने जो मकाम हासिल किया

गुलज़ार की *मीरा* (1979) में हेमा मालिनी

है—वो सबके बस की बात नहीं है। किसी वजह से वो हिन्दी फ़िल्म इंडस्ट्री से दूर चली गईं, पर उन्होंने दक्षिण भारत में काफ़ी नाम कमाया। अब वो वहीं रहती हैं।

नसरीन : आपको *मीरा* के कौन से भजन पसन्द हैं?

गुलज़ार : 'बाला मैं बैरागी हूँगी' कमाल का गीत है। 'मेरे तो गिरधर गोपाल दूसरो ना कोई' भी बहुत ख़ास है। ये ब्रज-भाषा में है।

नसरीन : वी.के. सुब्रह्मणियम ने सन् 2011 में अपनी पुस्तक 'Mystic Songs Of Meera' में लिखा है कि 'मेरे तो गिरधर गोपाल' राग झिंझोटी में है। क्या आपने पंडित रविशंकर से रागों के बारे में भी बातचीत की थी?

गुलज़ार : नहीं। मुझे रागों के बारे में कुछ नहीं पता। ये मैंने उनके ऊपर छोड़ दिया था। देखिए, पहली बात तो ये है कि उनके काम में दख़लंदाज़ी करना या सवाल करना बेवक़ूफ़ी होती। वो इतने बड़े कलाकार थे। और अगर आप मीरा के संगीत का अध्ययन करें, ये शास्त्रीय संगीत के छात्रों के लिए किसी किताब से कम नहीं है। सभी भजन रागों पर आधारित हैं। ये सही मायनों में शुद्ध संगीत है।

नसरीन : आपने ये फ़िल्म क्यों बनाई थी?

गुलज़ार : मैं *मीरा* की शख़्सियत से प्रभावित था। ख़ासतौर पर वो जिस ज़माने में हुईं, उन्होंने अपने अलग मूल्यों और नैतिकता पर ज़िन्दगी बिताई। उस ज़माने में उन्होंने अपनी आज़ादी हासिल की। चार सौ साल बाद आप देखते हैं कि आज भी महिलाएँ समाज में अपनी जगह के लिए जद्दोजहद कर रही हैं। आज भी जब एक लड़की की शादी होती है, तो उसका और उसके पति का धर्म एक ही होना ज़रूरी है। महिला को ही धर्म बदलना पड़ता है, पुरुष नहीं बदलते।

जबकि मीरा वैष्णव बनी रही थीं।

इस फ़िल्म को बनाने का मेरा पहला मक़सद था उनकी बायोग्राफ़ी बनाना। अभी तीन सौ, चार सौ साल पहले एक स्त्री जीवन बिता चुकी है, उसकी ज़िन्दगी की कल्पना करना। एक ऐसी महिला जिसका जीवन

आज एक मिथक बन चुका है। तमाम तरह के आध्यात्मिक और जादुई कारनामे उनके नाम से जोड़ दिए गए हैं। आज मीरा को एक मिथक भले माना जाता हो—पर वो एक जीती-जागती स्त्री थीं। तो मेरे मन में सवाल उठा, क्यों ना उनका इनसानी रूप दिखाया जाए? वो एक कवयित्री थीं और उनकी कविताएँ इतनी ख़ूबसूरत और स्पष्ट हैं—ख़ासतौर पर जब वो भगवान कृष्ण से अपने प्रेम की बात करती हैं। मेरे लिए तो वो कई तरह से एक मिसाल हैं। उनमें भक्ति-भाव और वो समर्पण था।

दूसरी वजह, जिसके लिए मैंने *मीरा* बनाई—वो साल अन्तरराष्ट्रीय महिला वर्ष था। इस मायने में वो एक बहुत ही कमाल का विषय भी था। जब मेरे प्रोड्यूसर प्रेमजी ने मुझसे फ़िल्म निर्देशित करने को कहा, हेमा मालिनी को फ़िल्म के लिए पहले ही चुना जा चुका था। मुझे इस पर कोई एतराज़ नहीं था।

जब मीरा के किरदार और उनकी छवि रचने की बात हो तो मुझे दिख रहा था कि हेमा इस रोल के लिए एकदम मुफ़ीद हैं। उनकी शख़्सियत में वो शाही मिज़ाज है। मैं उन्हें एक लीडर की तरह भी देख रहा था। हेमा की क़द-काठी एक ठसकदार राजपूत महिला जैसी है।

नसरीन : फ़िल्म का संगीत तैयार करने में किस तरह की चुनौतियों का सामना आपको करना पड़ा?

गुलज़ार : जब पंडित रविशंकर ने 'मैं तो प्रेम-दीवानी मेरा दर्द ना जाने कोई' कम्पोज़ करना शुरू किया तो वो बोले—

> "मदन मोहन जी ने इस भजन की जो धुन बना ली है उससे
> बेहतर कर पाना बड़ा मुश्किल है।"

ये एक और मिसाल है, एक ऐसे गाने की जो कम्पोज़र से भी आगे चला गया। और कालजयी बन गया। वो मेरी फ़िल्म का आख़िरी गीत था और पंडित रविशंकर ने इसे अपनी ही शैली में कम्पोज़ किया था।

नसरीन : आपने तो एक और शास्त्रीय कलाकार ज़ाकिर हुसैन के साथ भी काम किया है?

गुलज़ार : ज़ाकिर साहब! वो तो कितने ख़ूबसूरत शख़्स हैं और हमेशा, हमेशा रहेंगे। वो खुले मिज़ाज वाले शख़्स हैं। जो वो सोचते हैं—वो कहते हैं और दुनियावी कामों में साफ़गोई से काम लेते हैं। उन्हें ये साफ़गोई और ईमानदारी अपने वालिदैन से मिली है—वो ईमानदार और सीधे-सादे लोग थे, बहुत विनम्र। एक दिन जब आपकी ज़ाकिर हुसैन वाली किताब लॉन्च हो रही थी, आपने देखा होगा कि वो कितनी इज़्ज़त से लोगों से पेश आ रहे थे। वो इतने नामी और जाने-पहचाने कलाकार हैं पर उनकी विनम्रता अभी भी क़ायम है।

सन् 2003 में हमने एक साथ एक बैले पर काम किया था, जिसका नाम था 'पिनोकियो'। बाद में सलीम आरिफ़ ने इसे दोबारा किया। आप जानती होंगी कि 'पिनोकियो' एक मशहूर इतालवी कहानी है, जिसे 1883 में कार्लो कोलोडी ने लिखा था। इस कहानी का कई भाषाओं में अनुवाद हो चुका है पर कभी हिन्दी या उर्दू में अनुवाद नहीं हुआ था। तो मैंने सोचा, क्यों ना कोशिश की जाए? इसके बाद डांसर-कोरियोग्राफ़र भाष्वती मिश्रा ने मुझसे सम्पर्क किया। वो पंडित बिरजू महाराज के परिवार से हैं। उन्होंने मुझसे कहा कि वो इसे नृत्य नाटिका की तरह करना चाहती हैं। उन्होंने कहा कि वो दो सौ बच्चों के साथ इसे करना चाहती हैं—जो कथक सीख रहे हैं।

जब हम संगीत पर बातचीत कर रहे थे—तो बिरजू महाराज ने ज़ाकिर हुसैन का ज़िक्र किया—वो उन्हें जानते थे। इसलिए हमने ज़ाकिर हुसैन से सम्पर्क किया। ज़ाकिर साहब ने कहा कि वो पहले स्क्रिप्ट पढ़ना चाहेंगे। वो अमेरिका में थे—तो हम आमने-सामने नहीं बैठ सकते थे। तो हमने फ़ोन पर कुछ सिटिंग्स कीं। अजीब बात है ना कि हम अभी भी इन्हें 'म्यूज़िक सिटिंग' ही कहते हैं, जबकि हम यहाँ आमने-सामने बात नहीं कर रहे थे।

एक बार ऐसा हुआ कि ज़ाकिर साहब ने कहा, मैं कुछ लाइनें पढ़कर सुनाऊँ, क्योंकि उन्हें लग रहा था कि इनमें 'मीटर' नहीं है, वो गद्य की तरह लग रही हैं। जब मैंने पढ़ा, 'तू जो मेरा बेटा होता, मैं तुझे पिनोकियो पुकारता' तो उन्हें फ़ौरन ही 'मीटर' समझ में आ गया।

मैंने उन्हें समझाया कि मैं चाहता हूँ, हर किरदार एक अलग 'मीटर' पर बोले, इसलिए मैंने उसके मुताबिक़ बदल दिया है। मिसाल के लिए,

नैरेटर का अपना अलग 'मीटर' होगा। वैसे भी असली ज़िन्दगी में हम सब अपनी अलग-अलग ताल, अपने सुर पर बोलते हैं। ज़ाकिर साहब को 'मीटर' बदलने का ये आइडिया पसन्द आया। पर उन्होंने ये भी कहा कि मैं इस वक़्त बिज़ी हूँ—

> "मैं इस वक़्त सफ़र में हूँ, इसलिए मैं बुनियादी संगीत और रिदम पर काम करूँगा, उन्हें अपने भाई तौफ़ीक़ को दे दूँगा, अगर आपको धुनें पसन्द आईं, तो तौफ़ीक़ और मैं उन पर काम करेंगे। क्या ये ठीक रहेगा गुलज़ार साहब?"

मैंने कहा, "देखिए पहली बात तो ये कि मैं धुन पास करनेवाला कौन होता हूँ। मैं तो बस इतना बता सकता हूँ कि वो कैसी साउंड कर रही हैं। अलबत्ता कोरियोग्राफ़र ज़रूर अपनी राय दे सकती हैं।"

इसके बाद तौफ़ीक़, भाष्वती और मैंने मिलकर काम किया। वो ऐसी ताल बता देती थीं, जो उनकी कोरियोग्राफ़ी पर ठीक बैठती थीं—मुझे तो डांस के बारे में कुछ नहीं पता है। वो संगीत सुनती थीं और अपनी तरह से गिनती कर लिया करती थीं। मैंने तौफ़ीक़ के स्टूडियो में बैले की रिकॉर्डिंग देखी, ताकि तलफ़्फ़ुज़ की कोई गड़बड़ी ना हो। इसमें बहुत सारे गायक शामिल थे।

इसके बाद मैंने फिर तौफ़ीक़ के साथ काम किया। ये एक बायोपिक थी, जिसका नाम था 'आमी'। ये मोटे तौर पर कमला दास की ज़िन्दगी पर आधारित थी। कमला दास केरल की महान लेखिका और कवयित्री हैं।

मैं कमला दास से दिल्ली में मिला था। अमर्त्य सेन की बेटी अन्तरा देव सेन 'लिटिल मैगज़ीन' निकालती हैं। वो मैगज़ीन कमला दास को 'लाइफ़टाइम अचीवमेंट अवॉर्ड' दे रही थी। गिरीश कारनाड उस आयोजन के अध्यक्ष थे। मुझसे कहा गया था कि मैं दिल्ली आकर कमला दास को अवॉर्ड दूँ।

वो बहुत ही ख़ूबसूरत थीं। जो बात मन में आती उसे कहने में तो हिचकती नहीं थीं। मुझे उनमें और उर्दू की नामचीन लेखिका इस्मत चुग़ताई में बहुत मेल नज़र आया। उन दिनों में औरतों को अपनी बात कहने का हक़ नहीं था। उन्हें ख़ामोश, दबी-सहमी और पीछे रहना पड़ता था। कमला

दास की लेखनी हिम्मती और बेबाक थी। मैं उन्हें बहुत पसन्द करता था। बाद के दिनों में उन्होंने इस्लाम कुबूल कर लिया था और वो कमला सुरैया बन गई थीं। मुझे लगता है कि इस्मत आपा और कमला दोनों महिलाएँ किसी भी मज़हब से ऊपर थीं।

जब हम 'आमी' पर काम कर रहे थे, तौफ़ीक़ ख़ुश थे कि उन्हें लिखे हुए अल्फ़ाज़ की धुन बनानी पड़ेगी—

"गुलज़ार साहब, आप मुझे अल्फ़ाज़ दे दीजिए, अब्बा जी भी ऐसा ही करते थे, हम भी आदी हैं शायरी के।"

'आमी' में रूपकुमार राठौड़ का गाया एक बहुत ख़ूबसूरत गाना है, जिसमें कमला के अपने से एक कम उम्र के लड़के के प्यार में पड़ने की बात कही गई है। इस लफ़्ज़ के मायने समझने के लिए आपको पहले दूसरी लाइन को समझना होगा—

आधी रात में एक नाबीना रोज़ चिराग़ जलाता है
रूह के सन्नाटे से कोई जब आवाज़ लगाता है
आवाज़ ना आई क़दमों की, कोई आया है महसूस हुआ
कोई पास से होकर गुज़रा है, एक साया-सा महसूस हुआ
कोई रूह को रोशन कर जाता है

नसरीन : इसका मतलब अन्धा आदमी 'प्यार' है जिसने उसे हैरत में डाल दिया है?

गुलज़ार : जी हाँ। और यहाँ 'आधी रात' का मतलब 'अधेड़ ज़िन्दगी' है। चौथी लाइन प्यार से उनका सामना होने को दर्शाती है।

मुझे अच्छा लगा कि मुझे उस्ताद अल्लारक्खा ख़ाँ और उनके बेटों ज़ाकिर और तौफ़ीक़ के साथ काम करने का मौक़ा मिला।

नसरीन : आपने कई संगीतकारों के साथ काम किया है, जिनमें अनु मलिक भी शामिल हैं—उनके साथ आपने *फ़िज़ाँ, अक्स, अशोका, फ़िलहाल* और *जानेमन* फ़िल्मों के गाने लिखे। आप *वजूद* में तो एक अवॉर्ड देते हुए भी नज़र आए—इस फ़िल्म में भी अनु मलिक का संगीत था।

गुलज़ार : अनु मलिक बहुत ज़्यादा काम करनेवाले संगीतकार हैं। उन्होंने

अशोका और बोस्की की फ़िल्म *फ़िलहाल* में शानदार संगीत दिया था। *फ़िलहाल* में उनके कुछ बेहतरीन गाने थे। 'बोस्की' मेरी बेटी मेघना का पुकारने का नाम है।

अब *फ़िलहाल* शब्द को ही लीजिए। मुझे लग रहा था कि मैं इसका इस्तेमाल किसी गाने में आसानी से नहीं कर पाऊँगा। हम एक बाप-बेटी की तरह काम नहीं कर रहे थे, बल्कि ये एक गीतकार और निर्देशक का रिश्ता था। इसलिए मुझे अपनी निर्देशक की बात माननी ही थी—

"मुझे फ़िल्म का सार बतानेवाला एक गाना चाहिए, और आपको इसी मायने में *फ़िलहाल* शब्द का इस्तेमाल करना है।"

मैंने समझाया कि *फ़िलहाल* शब्द उतना म्यूज़िकल नहीं है, और तब अनु बीच में आ गए—

"गुलज़ार साहब, उसको म्यूज़िकल बनाना मेरा काम है, आप लिख के दे दीजिए।"

कितनी बढ़िया बात कही थी उन्होंने। तो मैंने मेघना से कहा—

"इस गाने में तुम क्या कहना चाहती हो?"

"मैं ज़िन्दगी से बात कर रही हूँ। तुमने मुझे जो ख़ुशनुमा और उदास पल दिए—मैंने उन्हें जिया। मैंने तुम्हारे दिए उतार-चढ़ाव देखे, पर ये लम्हा मेरा है, मुझे इसे जीने दो—फ़िलहाल मुझको ये लम्हा जी लेने दो।"

मैंने इस लाइन पर काम किया 'ये लम्हा फ़िलहाल जी लेने दे'। और अनु ने फ़ौरन ही इसकी धुन बना दी। उन्हें सलाम कि कितनी प्यारी मेलोडी उन्होंने दी है। ये एक बेहतरीन गाना है। इसे आशा जी ने गाया है।

नसरीन : आपने मेघना की 2015 में आई *तलवार* के गाने भी लिखे थे।

गुलज़ार : इस फ़िल्म में तीन गाने हैं। मेघना एक ऐसी निर्देशक हैं, जिनके साथ काम करना मुश्किल हो जाता है। उन्होंने *तलवार* के लिए मेरे लिखे और विशाल के कम्पोज़ किए गाने के चार वर्ज़न ठुकरा दिए थे, उसके बाद 'जिस दिन आकाश बेदाग़ होगा' को मंज़ूरी दी। उसने बताया कि इससे पहले वाले वर्ज़न उसने इसलिए ठुकरा दिए क्योंकि उनमें रोमांस का मिज़ाज था जो वो चाहती नहीं थीं। बच्चों के साथ काम करना कितना मुश्किल हो जाता है ना *[मुस्कुराते हैं]* जब हमने 'जिस दिन आकाश बेदाग़

होगा' तैयार कर लिया, तब विशाल और मुझे एहसास हुआ कि मेघना की बात कितनी सही थी।

मुझे उसके साथ काम करना अच्छा लगता है क्योंकि वो जानती है कि उसे क्या चाहिए। एक गीतकार की हैसियत से मुझे उसकी ये ख़ासियत पसन्द आती है। मेघना एक मँजी हुई निर्देशिका हैं। वो कोई नई-नवेली नहीं हैं, उन्हें फ़िल्म-मेकिंग की अच्छी-ख़ासी समझ है।

जिस दिन आकाश बेदाग़ होगा
चेहरा चाँद का साफ़ होगा
जिस दिन समय ने आँखें खोलीं
इंसाफ़ होगा, इंसाफ़ होगा
बहता क्या, आँख में उम्मीद नहीं है
आँसू का मोल तो है, ख़रीद नहीं है
तराज़ू उठेगा तो इंसाफ़ होगा
बहती नदिया रुकती नहीं है
डूबो डूबो तैरो तैरो डूबो
तो भी मुक्ति नहीं है
गर्दन पर है क़र्ज़ लहू का
गर्दन दे कर ही माफ़ होगा

नसरीन : क्या आप मुझे बताएँगे कि मेघना की नई फ़िल्म 'राज़ी' में आपने जो 'पुरपेच' का इस्तेमाल किया है—वो क्या है?

गुलज़ार : टी.एस. इलियट की एक कविता है : Streets that follow like a tedious argument'. क्या बात कही है। जब मैंने 'ग़ालिब' धारावाहिक के लिए लिखा तो ये लाइन इलियट से उधार ली और बाक़ायदा उन्हें क्रेडिट दिया।

'बल्लीमारान के मोहल्ले की वो पेचीदा दलीलों की-सी गलियाँ...।'

ये जो 'पेचीदा' है ना यही 'पुरपेच' है।

पुरपेच हैं राहें जीने की
क़िस्मत इक टेढ़ी बाज़ी है

तुम हाथ पकड़ लो इरादे का
राह सीधी है अगर दिल राज़ी है
लगन की बाज़ी है
चोट भी ताज़ी है
लगा दे दाँव पर दिल
अगर दिल राज़ी है
कहाँ ले जाए दिल
जो हद है वो बेहद है
लगन में जान जाए
वहीं तो सरहद है
अधूरा आगे है
मुकम्मिल माज़ी है
लगा दे दाँव पे दिल
अगर दिल राज़ी है
हवाएँ देख कर चलना
ना मिट्टी पर क़दम रखना
निशाँ रह जाएँगे नीचे
ख़ुद अपनी आग में जलना
लगन की बाज़ी है
चोट भी ताज़ी है
लगा दे दाँव पर दिल
अगर दिल राज़ी है।

नसरीन : आमतौर पर संगीतकारों पर तब बात की जाती है जब वो रिटायर हो जाते हैं या जब वो इस दुनिया से चले जाते हैं। मुझे लगता है कि अगर आप मौजूद कुछ संगीतकारों पर बात करें तो बड़ा अच्छा रहेगा।

गुलज़ार : हमने ए.आर. रहमान की बात की। वो तो इस फ़ेहरिस्त में चोटी पर हैं पर कुछ और संगीतकार हैं जैसे कि शान्तनु मोइत्रा। वो बहुत कम फ़िल्में लेते हैं, हालाँकि उन्होंने *परिणीता* और *3 ईडियट्स* में कमाल का संगीत दिया और लोगों ने उसे बहुत सराहा भी। वो अपना ज़्यादातर

वक़्त कॉन्सर्ट में बिताते हैं या फिर विज्ञापनों के लिए जिंगल कम्पोज़ करते हैं। मैंने उनके साथ टैगोर के गीतों पर काम किया था। मैंने उनका हिन्दी अनुवाद किया और शान्तनु ने उन्हें कम्पोज़ किया। श्रेया घोषाल और शान ने उन्हें बहुत ख़ूबसूरती से गाया है। इस तरह ये तीन बंगालियों का संगम बन गया—शान्तनु, शान और श्रेया।

बंगाली लोग टैगोर से जुड़ी किसी भी चीज़ के लिए ख़ासतौर पर सतर्क रहते हैं। मिसाल के लिए उनके गानों का संगीत रवीन्द्र संगीत की शैली में ही होना चाहिए, जिसे ख़ुद टैगोर ने कम्पोज़ किया था। लेकिन अब वक़्त बदल गया है और संगीत की नई शैलियाँ आ गई हैं। रवीन्द्र संगीत की आत्मा को क़ायम रखते हुए शान्तनु मोइत्रा ने टैगोर की गायकी को आधुनिक रंग दिया है। वो अपने ऑर्केस्ट्रेशन में काफ़ी प्रयोग करते हैं और अलग-अलग तरह के म्यूज़िक-मूड रचने में अपने समकालीन संगीतकारों से एकदम अलग खड़े नज़र आते हैं।

नसरीन : मुझे उनके काम से सलिल चौधरी याद आते हैं।

गुलज़ार : सही कहा। वो जिस तरह म्यूज़िकल स्केल का इस्तेमाल करते हैं—वो सलिल दा का असर है। शान्तनु मोइत्रा सही मायनों में एक मॉडर्न कम्पोज़र हैं।

एक और कम्पोज़र हैं जो बहुत ही अनूठे हैं—और जिनके साथ मैंने काम किया है—वो हैं सन्देश शांडिल्य। मैंने उनके साथ *दस तोला* की। राजा रवि वर्मा के पोते अजोय वर्मा ने इस फ़िल्म का निर्देशन किया था। उन्होंने तीन कहानियों पर तीन ख़ूबसूरत फ़िल्में बनाई थीं। वो हमेशा संगीत के लिए सन्देश शांडिल्य को ही चुनते हैं।

सन्देश की धुनों में मेलोडी होती है। वो एक सीधे-सादे, ख़ामोश-मिज़ाज और शर्मीले से इनसान हैं। सामने नहीं आते। जब उन्हें ठीक लगता है तभी वो संगीत देते हैं। वो ऐसी धुनें बनाने में माहिर हैं जो कहानी के मिज़ाज के मुताबिक़ हों। उन्होंने करण जौहर की फ़िल्म *कभी ख़ुशी कभी ग़म* के कुछ गानों में संगीत दिया था, जैसे 'सूरज हुआ मद्धम'।

सन्देश को हाल ही में हॉलीवुड में आमंत्रित किया गया था, किसी फ़िल्म में संगीत देने के लिए। रहमान की तरह अब वो अन्तरराष्ट्रीय

फ़िल्मों में काम कर रहे हैं।

एक और बहुत ही दिलचस्प संगीतकार हैं—सीमाब सेन। मैं उनके वालिद संजीव सेन को जानता था। वो म्यूज़िक अरेंजर थे और पंचम के लिए रिदम बजाया करते थे। उनके परदादा जमाल सेन ने कमाल अमरोही की *दायरा* और केदार शर्मा की फ़िल्म *शोख़ियाँ* में संगीत दिया था। मैं पहली बार सीमाब से तब मिला था जब वो विशाल भारद्वाज की शुरुआती फ़िल्मों में अरेंजर के रूप में काम कर रहे थे।

मैंने आपको बताया ना कि किस तरह मैं और विशाल राहत फ़तेह अली ख़ाँ को रिकॉर्ड करने के लिए लाहौर गए थे, तब सीमाब भी हमारे साथ गया था। लाहौर से हमने तय किया कि कराची जाएँगे। सीमाब वहाँ नहीं जाना चाहता था तो हमने उससे कहा कि तुम वाघा बॉर्डर के ज़रिये घर लौट जाओ। वो अकेले बॉर्डर पार करने में घबरा रहा था। हमारे एक क़रीबी दोस्त हैं, हसन ज़िया—जिनकी फ़िल्म *रॉन्ग नम्बर*पाकिस्तान में बड़ी हिट हुई है। उन्होंने कहा कि वो सीमाब को बॉर्डर तक ले जाएँगे, पर वो बॉर्डर पार करके भारत नहीं जाना चाहते थे क्योंकि उन्हें इमीग्रेशन में तैनात अफ़सरों से डर लगता था। हालाँकि हसन ज़िया ने सीमाब को भरोसा दिलाया कि जब तक तुम बॉर्डर पार नहीं कर लोगे—मैं खड़ा रहूँगा।

हसन और सीमाब इस तरह दोस्त बन गए और जब वो अपनी अगली फ़िल्म बना रहे थे, उन्होंने सीमाब को दुबई बुलवाया और उससे कुछ गाने बनाने को कहा। सीमाब पाकिस्तान जाने में घबरा रहा था इसलिए हसन ने उनसे कहा कि घबराओ मत, या तो हम भारत आएँगे या फिर गाने दुबई में रिकॉर्ड कर लेंगे। देखिए ना, सियासत ने कैसे बेवजह डर का एक माहौल बनाया है।

तो इस तरह सीमाब को 2015 में आई पाकिस्तानी फ़िल्म *मेहरुन्निसा, V lub U* में संगीत देने का मौक़ा मिला। इसे निर्देशित किया था यासिर नवाज़ ने। इस फ़िल्म के नाम में 'लब' इसलिए रखा गया है क्योंकि फ़िल्म का हीरो 'लव' नहीं बोल पाता है।

हसन ज़िया मुझे बाबूजी कहते हैं। वो अपने वालिद को भी इसी तरह पुकारते हैं। वो चाहते थे कि मैं उनकी फ़िल्म का थीम सॉन्ग लिखूँ लेकिन मुझसे फ़ीस वग़ैरह की बात करने में उन्हें अजीब लग रहा था। आख़िरकार

उन्होंने सीमाब को सब कुछ समझाया, उसने आकर मुझे बताया और मैं *मेहरुन्निसा, V lub U* में एक गाना लिखने को राज़ी हो गया।

ये किसी पाकिस्तानी फ़िल्म के लिए लिखा गया मेरा पहला गाना था। हसन ने मुझे सिचुएशन कुछ इस तरह बताई थी—

> "बाबूजी, एक थीम सॉन्ग है, इस बस्ती को क्लीन करो, इसमें बहुत कचरा है। गन्दा बहुत है। पर गाने में हम समाज को साफ़ करने का प्रतीक लेंगे। हीरो का सपना है दुनिया को साफ़ बनाने का। उसकी बीवी, पाकिस्तान के क़ब्ज़े वाले कश्मीर की है और जिस माहौल में वो रहता है, वहाँ वो माँ नहीं बन सकती।"

मुझे ये आइडिया दिलचस्प लगा। हसन ने कहा कि वो मुझे पैसे नहीं दे पाएँगे। मैंने कहा, "पैसों का भूल जाइए। बस मेरे लिए पाकिस्तान से थोड़ा-सा गुड़ भेज दीजिएगा।" उन्होंने ऐसा ही किया। *[हँसते हैं]*

सीमाब ने इस फ़िल्म में तीन गानों की बड़ी ख़ूबसूरत धुनें बनाई थीं और आख़िरकार फ़िल्म के तीनों गाने मैंने ही लिखे थे।

नसरीन : क्या आप *मेहरुन्निसा* के उसी गाने के बोल हमारे साथ साझा करेंगे?

गुलज़ार :

बेदार रहो, तैयार रहो
चाहे ख़्वाब लगे, दुश्वार लगे
गुमसुम ना रहना, जो कहना है कहना
कि दिन रात बदलो ज़रा
हालत भी बदलेगी, हालात बदलेंगे
आदात बदलो ज़रा
ये ज़मीं भी तुम्हीं से, आसमाँ भी तुम्हीं से
कायनात बदलो ज़रा
तुम हो तो ज़मीं है, तुम ही से हसीं है
हालात बदलो ज़रा।
शाख़ सूखी हो पेड़ से तोड़ दो

आग में डाल दो, ख़ाक कर दो
कोई मकड़ी अगर गन्दा करती हो घर
दफ़्न कर दो ज़मीं पाक हो

नसरीन : क्या हाल के कुछ गानों को लिखने में आपको कुछ ख़ास चुनौतियाँ का सामना करना पड़ा?

गुलज़ार : 2017 में आई फ़िल्म *रंगून* के गाने दिलचस्प थे क्योंकि मैंने अपने लिखे गानों में 1940 के ज़माने का एहसास लाने की कोशिश की थी। विशाल भारद्वाज ने पीरियड फ़िल्म का एक ताना-बाना तैयार किया था। फ़िल्म के मुख्य किरदार जूलिया का तकिया-कलाम है 'bloody hell'. वो अपने डायलॉग में ये हमेशा बोलती है इसलिए विशाल ने मुझसे कहा कि मैं इसे किसी गाने में इस्तेमाल करूँ। फ़िल्म में कुछ ब्रिटिश किरदार भी थे—इसलिए अंग्रेज़ी का इस्तेमाल किया जा सकता था।

रंगून का एक और गाना था, 'ये इश्क़ है'...इसे भी सुना जाना चाहिए। रेखा भारद्वाज ने इसका एक वर्ज़न गाया है और दूसरा अरिजीत सिंह ने। ये सूफ़ियाना क़िस्म का गाना है।

नसरीन : मैंने अरबी शब्द 'सूफ़' के कई मायने देखे। इसका एक मतलब है 'ऊन' और इसका ताल्लुक़ पैग़म्बर हज़रत मोहम्मद के साथियों से है जो मोटे ऊन के कपड़े पहनते थे—ये 'तौबा' या 'नदामत' का उनका अपना तरीक़ा था। कुछ ईसाई दरवेश भी ऐसे कपड़े पहनते थे। मुझे 'सूफ़' शब्द का एक और मतलब मिला—'सफ़ा' या 'शुद्ध'।

गुलज़ार : मैं समझता हूँ कि 'सूफ़ी' वो है जो संन्यासी की ज़िन्दगी जीता है—एक सादा-सरल ज़िन्दगी। इबादत और ध्यान में अपनी ज़िन्दगी बिता देता है। वो किसी पैग़म्बर या सन्देश पहुँचानेवाले के ज़रिये ऊपर वाले से बातचीत नहीं करता। वो सीधे अल्लाह से बात करता है। उसकी अल्लाह से बिना किसी बन्दिश के खुलकर, सीधे बात होती है। आप 'इश्क़-ए-मजाज़ी' और 'इश्क़-ए-हक़ीक़ी' के बारे में तो जानती ही हैं। एक है दुनियावी प्यार और दूसरा है ऊपर वाले से प्यार।

नसरीन : आपने बहुत सारे सूफ़ी गाने लिखे हैं पर दूसरी तरफ़ आपने 'हट लूटनेवाले' जैसा सियासी गाना भी लिखा है।

गुलज़ार : इससे पहले ज़मीन पर क़ब्ज़े के मुद्दे को किसी गाने में लाया नहीं गया था, इसलिए मैंने 2013 में आई विशाल भारद्वाज की फ़िल्म *मटरू की बिजली का मंडोला* में इस तरह का गाना लिखने की कोशिश की।

डाल डोल डोल डाल
पानी पानी कुआँ सँभाल
जिसकी माटी उसका माल
जिसकी खेती उसकी ज़मीन है
रे बाबाजी की धौंस नहीं है
जिसका गन्ना उसकी गंडेरी
हट लूटनेवाले
जिसकी माटी उसका माल, कुआँ सँभाल
हम बीज ना देंगे
हम ब्याज ना देंगे
रे कल का क़र्ज़ा आज ना देंगे
तेरी लोहा-लाठी नहीं चलेगी
तेरी हेकड़ी हाँ जी नहीं चलेगी
अब चले हथौड़ा हथौड़ा हथौड़ा और दरांती
हट लूटनेवाले।

राजा तेरी सब सुनते थे
राह से कंकर चुनते थे
जाग जाग के राता काटा
पर तेरे कम्बल बुनते थे
सुन राजा, लूटनेवाले म्हारे राजा
ओ तेरी तानाशाही नहीं चलने देंगे
रे अपना मोर्चा नहीं टलने देंगे

तेरी छतरी लेकर नहीं चलेंगे
अब धूप में तेरे पाँव जलेंगे
जो खोदे कुआँ उसका ही पानी
हट लूटनेवाले हट लूटनेवाले

नसरीन : ये बहुत ही जोश वाला गाना है। हथौड़ा और दरांती वाली लाइन जैसे सब कुछ कह देती है।

ये एक जानी-मानी बात है कि पुराने ज़माने के बहुत सारे शायर और गीतकार जैसे कि साहिर और शैलेन्द्र कम्यूनिस्ट पार्टी के सदस्य थे और उनकी मार्क्सवादी सोच उनके कुछ गानों में भी झलकती है। क्या आप किसी ख़ास राजनीतिक विचारधारा को मानते हैं?

गुलज़ार : मैं सियासत से वाक़िफ़ हूँ पर मैं सियासी इनसान नहीं हूँ। मैं अपनी ज़िन्दगी कैसे जिऊँगा—इस बारे में मेरा एक साफ़ नज़रिया है। मैं अपने उसूलों पर जीता हूँ। आपको पता होना चाहिए कि आपके आसपास क्या हो रहा है, अपने मूल्यों से आपको समझौता नहीं करना चाहिए—बस इसी से आपका बर्ताव तय होता है।

चूँकि भारत एक लोकतांत्रिक देश है, हर थोड़े दिन में आपको वोट डालना होता है। वो मौक़ा होता है जब आप अपने ख़यालात को परखते हैं। मैं किसी एक राजनीतिक पार्टी पर यक़ीन नहीं रखता पर मैं लोगों पर यक़ीन रखता हूँ। मुझे दत्त साहब पर यक़ीन था और उनके मूल्यों पर यक़ीन था। मुझे पता था कि वो एक ईमानदार शख़्स हैं। मुझे अटल बिहारी वाजपेयी जी पर यक़ीन था। पंडित जवाहरलाल नेहरू जैसे लीडरों के ज़माने में मेरी परवरिश हुई है।

विजया मेहता जी ने एक बार मुझसे पूछा था—

"आप तो एक राजनीतिक व्यक्ति नहीं हैं, फिर भी आप राजनीति पर टिप्पणी करते हैं, ऐसा क्यों?"

"अगर राजनीति का मुझ पर असर होता है तो मुझे उस पर अपनी बात कहनी चाहिए, जैसे कोई आम आदमी कहता है, मुझे अपनी लेखनी के ज़रिये अपनी बात रखना चाहिए।"

नसरीन : क्या मैं ये मानूँ कि आप राष्ट्रवादी हैं?

गुलज़ार : मुझे नहीं पता कि इसकी परिभाषा क्या होगी। राजनीतिक स्लोगन ये साबित नहीं करते कि आप एक राष्ट्रवादी हैं या राष्ट्रभक्त हैं। मुझे अपने वतन से प्यार है। आप मुझे चाहे जिस नाम से पुकारें। जब मैं राजनीति की तारीफ़ या आलोचना करता हूँ, तो मैं अपने देश की आलोचना नहीं कर रहा हूँ, बल्कि सरकार पर टिप्पणी कर रहा हूँ।

मैंने यही मुद्दा *हू तू तू* फ़िल्म के अपने गाने 'जय हिन्द, जय हिन्द' में उठाया था। ये गाना कहता है, 'गुरु-मन्त्र मेरा इतिहास मेरा, तहज़ीब मेरी विश्वास मेरा...जय हिन्द'। लेकिन ये गाना सवाल भी उठाता है, 'क्यों जाती नहीं बेकारी मेरी, क्यों जाती नहीं बीमारी मेरी'। ये गाना आसमान पर छाए बादलों की बात करता है, कैसे मैं अपने खेतों पर बारिश का इन्तज़ार करता हूँ, ताकि अच्छी फ़सल हो, पर जब बारिश के बादल छाते हैं तो कोई उन्हें चुरा ले जाता है। जब मैं धूप में अपने बीज बोता हूँ, कोई सूर्य पर ग्रहण लगा देता है।

जब भी कोई सूरज उगता है
हर बार ग्रहण लग जाता है
आकाश मेरा भर जाए तो
कोई मेघ चुरा ले जाता है
सम्मान मेरा, ये विरसा मेरा
लौटा दो मुझे यह हिस्सा मेरा

ये लाइनें एक भारतीय किसान के नज़रिये से हैं, एक किसान को किन तकलीफ़ों और परेशानियों का सामना करना पड़ता है। इस तरह के गाने मैंने अपनी फ़िल्मों के लिए भले लिखे पर ये मेरी अपनी फ़िक्र को दर्शाते हैं।

नसरीन : हालाँकि आप कह रहे हैं कि बुनियादी तौर पर आप एक देशभक्त हैं—पर आपकी सोच थोड़ी वामपंथ की तरफ़ झुकी हुई नज़र आती है।

गुलज़ार : मैं इससे इनकार नहीं करता। मैं शैलेन्द्र जी को सुनता था और बलराज साहनी साहब को और प्रगतिशील लेखक संघ के बाक़ी सदस्यों को। मैं बड़े ध्यान से इन सबको सुनता था। वो वामपंथी लोग थे और मैं उन्हें सुनते हुए बड़ा हुआ हूँ।

आम आदमी की परेशानियों से जुड़े बुनियादी विचार और मूल्य मेरे भीतर भी पनपे हैं। मेरी अपनी ज़िन्दगी में भी कम जद्दोजहद नहीं रही। मैं मुश्किल रास्तों से होकर आया हूँ। इसलिए मैं ऐसे गानों से जुड़ाव रखता हूँ—जो आम आदमी के संघर्षों की बात करते हैं।

सन् 2011 में साजिद-वाजिद ने *ऑफ़िस-ऑफ़िस* नामक फ़िल्म में एक गाना कम्पोज़ किया—'बड़ा आम आदमी है आम आदमी'—ये गाना आम आदमी के बारे में बताता है। उसे लगातार घिसा गया, उसे लगातार दबाया गया।

बड़ा आम आम है आम आदमी
करे नाम नाम बदनाम आदमी

नसरीन : इस गाने की एक लाइन है जिसमें 'इंच दर इंच' की बात आती है—क्या उर्दू में इंच के लिए कोई 'लफ़्ज़' नहीं है?

गुलज़ार : नहीं, नाप के जो भी लफ़्ज़ आए हैं—वो अंग्रेज़ी से आए हैं।

इस गाने में एक और लाइन आती है—'टोपी कुर्सी पर और टॉम कहीं'—ये ब्रिटिश राज पर तंज़ है।

आलू जैसा भरे हुए हैं
जिस्म की ख़ाली बोरियों में
ये सिस्टम पी जाता है इन्हें
कप में कभी कटोरियों में
देखो है क्या लम्बा चौड़ा
छोटे क़द का आम आदमी।
आम आदमी आम आदमी॥

हर शख़्स को ये सरकारी डंडा
ऑफ़िस-ऑफ़िस फेंटता है
इस कॉमन-मैन को हर अफ़सर
फुटबॉल बनाकर खेलता है
इंच इंच घिसा रहता है
सड़क पे चलता आम आदमी।

देखो है क्या लम्बा चौड़ा
छोटे क़द का आम आदमी।

चालान यहाँ और फ़ॉर्म कहीं
टोपी कुर्सी पर और टॉम कहीं
इस देश का क्या कहना यारो
है नेता कहीं और क़ौम कहीं॥

सुखविन्दर सिंह ने *ऑफ़िस-ऑफ़िस* में एक और गाना गाया था, ये भी आम आदमी की ही बात करता है, 'चला मुसद्दी'। मुसद्दी उर्दू में आम आदमी के लिए एक सांकेतिक नाम है।

नसरीन : क्या अब हम एक बिलकुल अलग तरह के गाने के बारे में बात कर सकते हैं? *लेकिन* फ़िल्म का गाना, 'यारा सीली सीली' जिसे हृदयनाथ मंगेशकर ने कम्पोज़ किया था। ये अपनी धुन और अपनी भाषा में एकदम अनूठा गाना है।

गुलज़ार : मैंने हृदयनाथ मंगेशकर के साथ दो फ़िल्में की हैं और बहुत मज़ा आया उनके साथ। मराठी सिनेमा में उनका बहुत काम है और उन्होंने बहुत उम्दा संगीत दिया है। शास्त्रीय संगीत की उनकी समझ ज़बरदस्त है। लिखे हुए बोलों की धुन बनाने में उनका कोई सानी नहीं है।

उनकी 'बॉडी क्लॉक' दुनिया के बाक़ी इनसानों की बजाय उलटी घूमती है। वो सुबह तीन या चार बजे तो 'डिनर' लेते हैं। उनके शिष्य रात में उनसे संगीत सीखने आते हैं, इसके बाद वो सो जाते हैं और दोपहर को क़रीब दो बजे उठते हैं। राजकपूर भी ऐसा ही करते थे।

यारा सीली सीली बिरहा की रात का जलना
यारा सीली सीली, ढोला सीली सीली
ये भी कोई जीना है, ये भी कोई मरना
यारा सीली सीली बिरहा की रात का जलना

टूटी हुई चूड़ियों से जोड़ूँ ये कलाई मैं
गिछली गली में जाने क्या छोड़ आई मैं
बीती हुई गलियों से फिर से गुज़रना
यारा सीली सीली, ढोला सीली सीली॥

पैरों में ना साया कोई सर पे ना साईं रे
मेरे साथ जाए ना मेरी परछाईं रे
बाहर उजाड़ा है अन्दर वीराना
यारा सीली सीली, ढोला सीली सीली॥

नसरीन : आपने इलैयाराजा के साथ भी काम किया है—जो दक्षिण के एक महान संगीतकार हैं।

गुलज़ार : उन्होंने अजय वर्मा की फ़िल्म एस.आर.के. का संगीत तैयार किया था पर वो रिलीज़ ही नहीं हो सकी।

इलैयाराजा उस्ताद संगीतकार हैं। बीते बरस मेरी उनसे मुलाक़ात हुई थी जब उनकी एक हज़ार फ़िल्में पूरी होने के सम्मान में एक समारोह आयोजित किया गया था।

नसरीन : आपने एक फ़िल्म का ज़िक्र किया एस.आर.के.—क्या इस फ़िल्म का ताल्लुक़ शाहरुख़ ख़ान से था?

गुलज़ार : नहीं, प्रोड्यूसर को लगा कि ये एक होशियारी भरा टाइटल होगा! सबका अपना-अपना सोचना रहता है।

नसरीन : इलैयाराजा के साथ काम के अनुभव के बारे में बताइए।

गुलज़ार : वो काफ़ी तेज़ रफ़्तार में धुनें बनाते हैं। वो ऐसे इकलौते

संगीतकार हैं, जो एक ही बार में एक पूरी रील का बैकग्राउंड म्यूज़िक रिकॉर्ड कर लेते हैं। उनके सामने पूरा ऑर्केस्ट्रा होता है और साजिन्दे बारी-बारी से अपने-अपने हिस्से बजाते चलते हैं। भले इसके लिए उन्हें एक घंटे रिहर्सल करनी पड़े पर वो बैकग्राउंड म्यूज़िक को टुकड़ों में रिकॉर्ड नहीं करते—ये एक अनूठी आदत है उनकी।

नसरीन : क्या इसका मतलब म्यूज़िक पूरी रील की टाइम-लाइन को ध्यान में रखकर तैयार किया जाता है और ऑर्केस्ट्रा शुरुआत से आख़िर तक बजाता चलता है—इस तरह एक ही बार में संगीत के सारे हिस्से प्ले किए जाते हैं?

गुलज़ार : सही कहा आपने। वो ऐसे इकलौते संगीतकार हैं—जिन्हें मैंने इस तरह काम करते देखा है।

'ऐ ज़िन्दगी गले लगा ले' सन् 1983 में आई हिट फ़िल्म *सदमा* का गाना है, इस गाने की लाइन के आख़िरी में मैं एक छोटा-सा जुमला जोड़ना चाहता था, 'है ना'? ज़्यादातर लोग उन्हें 'राजा' कहते हैं तो मैंने भी पुकारा—

"राजा, क्या मैं इस लाइन के आख़िर में 'है ना' जोड़ सकता हूँ?

"क्यों नहीं?"

ऐ ज़िन्दगी गले लगा ले
हमने भी तेरे हर इक ग़म को
गले से लगाया है, है ना?

गुलज़ार : एक ऐसा पल आया जब मैं अटक गया था—मेरे जो अल्फ़ाज़ थे वो ट्यून पर सही बैठ नहीं रहे थे। ऐसे में राजा ने मुझसे 'बोल' देने को कहा और फ़ौरन ही दूसरी धुन तैयार कर दी।

रहमान उन दिनों में उनके असिस्टेंट थे, वहीं मेरी उनसे पहली मुलाक़ात हुई थी। असल में मुझे उनसे मिलना याद नहीं है, पर रहमान ने मुझे याद दिलाया—तब मुझे याद आया। उन दिनों में रहमान के लम्बे और घुँघराले बाल हुआ करते थे।

नसरीन : पहले के और आज के कई संगीतकार हिन्दी-भाषी नहीं थे। जब उन्हें ज़बान ही नहीं आती थी तो हिन्दी-उर्दू के तलफ़्फ़ुज़ के पैटर्न को वो कैसे समझ पाते थे?

गुलज़ार : जब हम गाने के बारे में बात करते हैं तो अंग्रेज़ी में करते हैं। अंग्रेज़ी आज भारत में कई ज़बानों के बीच का पुल बन गई है ताकि मुश्किल शब्दों के बारे में बताया जा सके।

अब साज़िन्दों को लीजिए—मैं सोचता था कि वो किस तरह काम चलाते हैं। साज़िन्दे ही क्या, अब लता जी को ही लीजिए, वो डोगरी, पंजाबी या बांग्ला किसी भी भाषा में गाने गा सकती हैं—जबकि उन्हें ये तीनों भाषाएँ उतनी अच्छी तरह नहीं आतीं। वो सुर और ताल को एकदम आसानी से पकड़ लेती हैं और यही बात कई अहिन्दी-भाषी गायकों के बारे में कही जा सकती है।

एक बार रहमान ने मुझसे कहा कि इस गाने में पंजाबी मिज़ाज ला दीजिए, *साथिया* का गाना था—'बंजर है सब बंजर है'। तो मैंने इसमें एक लाइन जोड़ दी—'मेंडा यार मिला दे साइंयाँ'। उन्होंने बिना किसी दिक़्क़त के पंजाबी में गाया।

बंजर है सब बंजर है
हम ढूँढ़ने जब फिरदौस चले
तेरी खोज तलाश में देख पिया
हम कितने काले कोस चले

नसरीन : जब आप कोई गाना लिखते हैं, तो क्या आप ये भी सोचते हैं कि कोई ख़ास लाइन मिड-शॉट में सही रहेगी या लॉन्ग-शॉट में?

गुलज़ार : ये एक गीतकार का काम नहीं है। गाने का फ़िल्मांकन पूरी तरह से निर्देशक का काम है या कोरियोग्राफ़र का। पर हाँ, जब हम गाना लिखते या कम्पोज़ करते हैं तो ज़ेहन में छांवियां तो उभरती ही हैं।

मैंने जब्बार पटेल की सन् 1986 में आई फ़िल्म *मुसाफ़िर* के संवाद और गाने लिखे थे। और जब मैं, पंचम और जब्बार पटेल 'बहुत रात हुई,

थक गया हूँ, मुझे सोने दो' पर काम कर रहे थे तो पंचम ने पूछा कि क्या इस सीन में कोई नदी आती है। मैंने उससे पूछा कि ऐसा क्यों पूछ रहे हो। उसने जवाब दिया कि वो गाने के बीच में नाविक की पुकार डालना चाहता है। अगर गाना किसी पहाड़ पर फ़िल्माया गया तो ये अजीब-सा लगेगा—जो नज़ारे हैं वो अल्फ़ाज़ से मेल तो खाने ही चाहिए ना।

अगर कोई गाना लिखते हुए आपके ज़ेहन में कुछ ख़ास तस्वीरें उभरती हैं, तो हम संगीतकार से कहते हैं ताकि वो उसके मुताबिक़ साज़ का इस्तेमाल कर सके। गाने तैयार करना टीम-वर्क है। ये किसी अकेले आदमी का काम नहीं है। यही तो सिनेमा की ख़ूबसूरती है—फ़िल्म पर सब एक साथ काम करते हैं।

ये भी नहीं भूलना चाहिए कि गाने का असर फ़िल्म से बाहर भी होना चाहिए। यही गाने को पॉपुलर बनाता है। गाना किसी किरदार के मुताबिक़ भले हो पर यूनिवर्सल हो, ताकि कई लोगों के मन को छू सके।

नसरीन : आज टेक्नोलॉजी और संचार के साधनों ने पूरी दुनिया के संगीत और संगीतकारों की आपसी सम्पर्क में मदद की है। साज़ों के इस्तेमाल में भी इससे खुलापन आया होगा?

गुलज़ार : अब हदें बढ़ गई हैं। आज भारतीय संगीतकार विश्व-प्रसिद्ध संगीतकारों की टक्कर में आ गए हैं और वो तमाम तरह के साज़ों का इस्तेमाल कर रहे हैं। ये चुनाव इससे पहले के उस्ताद संगीतकारों के पास मौजूद नहीं था।

हर चीज़ बदल गई है। आज हीरोइनें फ़िल्म में आती हैं तो वो 'हाय' कहती हैं, वो पहले की तरह नज़रें झुकाकर 'नमस्ते जी' नहीं कहतीं। *[दोनों हँसते हैं]*। वक़्त ने बहुत सारे बदलाव कर दिए हैं।

नसरीन : आपने संगीतकारों की कई पीढ़ियों के साथ काम किया है। कौन सबसे कम उम्र का रहा है?

गुलज़ार : रीवा, रूप कुमार राठौड़ की बेटी। उसने कुछ बहुत ही बढ़िया शास्त्रीय धुनें बनाई थीं। संगीत को लेकर उसका रवैया बड़ा मॉडर्न है।

हमने मिलकर जो गाना बनाया वो है 'मौला'। जिस तरह वो 'मौला' पुकारती है—मेरी पीढ़ी ऐसा कर ही नहीं सकती थी। ये नये ख़यालात की ख़ूबसूरती है।

मौला तू ऐसा कर दे
थोड़ा-सा बादल भर दे
आफ़ताब जो देखा करे
मुझको सतरंगी कर दे
ख़ुशबू के रंग हैं तो बता
मेहँदी पहनूँ या महुआ
उसको जो भा जाएँ तो बता
इश्क़ का कोई रंग बता
दिल को मेरा दूल्हा कर दे
मौला तू ऐसा कर दे

नसरीन : आपने रीवा के पिता रूप कुमार राठौड़ के साथ भी तो काम किया है?

गुलज़ार : रूप भी शास्त्रीय संगीत के माहिर हैं और एक गायक और संगीतकार हैं। वो मशहूर तबला-नवाज़ हैं। उन्होंने अमजद अली ख़ाँ साहब के साथ एक बहुत शानदार एलबम बनाया था *वादा*। रूप ने उनकी बन्दिशों को लिया और उन्हें बड़ी ख़ूबसूरती से पेश किया।

एक गाना है *वादा* में 'रोज़-ए-अव्वल'—वो बहुत कमाल का है। गाना मेरे कुछ अशआर पढ़ने के साथ शुरू होता है। ये एक तरह से मेरी और रूप की डुएट पेशकश है।

(गुलज़ार पढ़ते हैं)

रात में जब भी मेरी आँख खुले
कुछ ज़रा दूर टहलने के लिए
नंगे पाँव ही निकल जाता हूँ
आकाश उतर के

कहकशाँ छू के निकलती है जो एक पगडंडी
अपने पिछवाड़े के संतूरी सितारे की तरफ़
दूधिया तारों पे पाँव रखता,
चलता रहता हूँ यही सोच के मैं
कोई सय्यारा अगर जागता मिल जाए कहीं*
एक पड़ोसी की तरह पास बुला ले शायद और कहे
'आज की रात यहीं रह जाओ
तुम ज़मीं पर हो अकेले
मैं यहाँ तन्हा हूँ'

नसरीन : आपने तो 'प्लूटो' पर एक किताब तक लिख दी है। अन्तरिक्ष में आपकी इतनी दिलचस्पी क्यों है?

गुलज़ार : अगर किसी ने अपनी सारी ज़िन्दगी एक छोटे-से गाँव में गुज़ारी हो और एक दिन वो मुम्बई जैसे महानगर में आ जाए, तो उसका क्या हाल होगा, सोचिए। वो जो कुछ भी देखेगा—हैरत में पड़ जाएगा।

ठीक इसी तरह से अगर आप ब्रह्मांड का अध्ययन करें तो बहुत हैरानी होती है। ग्रहों के अपने परिवार हैं और हर एक अपने ख़ास अन्दाज़ में बर्ताव करता है। ये आकाशगंगा या कहकशाँ अपने विशाल दायरे में घूम रही है। ख़ूब सारा शोर है और ख़ूब सारी रोशनी है। वहाँ अँधेरा क़तई नहीं है। टूटी हुई उल्काएँ अपने चारों तरफ़ गैसें लेकर सफ़र कर रही हैं। कभी-कभी एक टूटा हुआ तारा धरती तक आ जाता है—हम इसे शूटिंग स्टार कहते हैं पर असल में वो एक उल्का है। हम जिस सूरज को जानते हैं वो तो बौना सूरज है, क्या आप सोच सकती हैं कि विशाल सूरज कैसा दिखता होगा? हम भले ही यक़ीन ना करें, पर धरती ब्रह्मांड के केन्द्र में नहीं है। धरती तो आकाशगंगा के बाहरी दायरे में है—जैसे कोई उप-नगर। *[दोनों हँसते हैं]*

आपको मेरे पूरे घर में ब्रह्मांड के बारे में तरह-तरह की किताबें मिल जाएँगी। मेरी पसन्दीदा वेबसाइट 'नासा' की ऑफ़िशियल वेबसाइट

---

* सय्यारा—ग्रह

है। मैं अन्तरिक्ष से आई नई तस्वीरों को देखने के लिए हमेशा बेक़रार रहता हूँ।

तो 'रोज़-ए-अव्वल' जो गाना है वो अन्तरिक्ष के सफ़र के बारे में है।

(रूप कुमार राठौड़)

रोज़-ए-अव्वल से आवारा हूँ, आवारा रहूँगा
चाँद तारों से गुज़रता हुआ बंजारा रहूँगा

(गुलज़ार पढ़ते हैं)

चाँद पे रुकना आगे ख़ला है
मार्स से पहले ठंडी फ़िज़ाँ है

(रूप कुमार राठौड़)

इक जलता हुआ सय्यारा रहूँगा
चाँद तारों से गुज़रता हुआ बंजारा रहूँगा

(गुलज़ार पढ़ते हैं)

उल्काओं से बच के निकलना
कॉमेट हो तो पंख पकड़ना

(रूप कुमार राठौड़)

नूरी रफ़्तार से कायनात से मैं गुज़रा करूँगा
चाँद तारों से गुज़रता हुआ बंजारा रहूँगा
रोज़-ए-अव्वल से आवारा हूँ, आवारा रहूँगा॥

नसरीन : हमें आपकी बेहतरीन ग़ज़लों की बात भी करनी चाहिए जिन्हें जगजीत सिंह ने गाया है।

गुलज़ार : जगजीत और भूपिन्दर [भूपिन्दर सिंह] दोनों ने। भूपी का मेरे साथ जो पहला गाना था—वो था *परिचय* का 'बीती ना बिताई रैना'। उन्होंने

हक़ीक़त के गाने भी गाए थे और उस फ़िल्म में वो नज़र भी आए थे।

जगजीत और भूपी मेरे क़रीबी दोस्त थे। मैं उनसे अपने छोटे भाई त्रिलोचन के ज़रिये मिला था और उनसे उसी तरह बातें करता था जैसे त्रिलोचन से। जगजीत और भूपी मेरे लिए भाइयों जैसे थे।

भूपी ने ही जगजीत की चित्रा से शादी तय करवाई थी। उसने उनकी शादी में पैंतालीस रुपये भी ख़र्च किए थे। वो इतना ख़र्च नहीं कर सकते थे क्योंकि उन दिनों वो जद्दोजहद कर रहे थे और पैंतालीस रुपये बहुत बड़ी रकम होती थी। इतने रुपये में पंडित जी, फूलों और मिठाई का ख़र्च पूरा हो जाता था।

कभी-कभी जब जगजीत और चित्रा में जमकर लड़ाई होती, भूपी उनके बीच सुलह करवाता था और याद दिलाता था कि उसके ख़र्च किए पैंतालीस रुपये ज़ाया नहीं जाने चाहिए। इसके बाद झगड़ा ख़त्म होता और क़हक़हे लगने लगते। *[हँसते हैं]*

भूपी जानते हैं कि ग़ज़ल कैसे ख़ूबसूरती से गाई जाती है—वो सूफ़ियाना तबीयत के इनसान हैं, और शायरी का उनका चुनाव भी आला दर्जे का होता है। वो जानते हैं कि उनकी आवाज़ मुझ पर क्या असर करती है।

तुम अपनी आवाज़ का तावीज़ बना के दे दो
मैं पहन लेता हूँ।

नसरीन : जगजीत की ग़ज़ल गाने की जो शैली थी उसके बारे में आप क्या कहेंगे?

गुलज़ार : वो तो लेजेंड थे। जैसे मेहँदी हसन—उन्हें ग़ज़ल का मिज़ाज गाता था। मैं हमेशा कहता हूँ कि ग़ज़ल गाने का एक मिज़ाज होता है और वो आपकी समझ में आना चाहिए। जब तक आपको शायरी का वो रूप समझ नहीं आएगा, आप ग़ज़ल नहीं गा सकते। एलबम 'सज्दा' हमने सन् 1991 में साथ किया था। उसमें लता जी और जगजीत की गाई ग़ज़लें भी हैं। पर उन्होंने जो गाया वो ग़ज़ल की तरह साउंड करता है, लता जी के गाने में कोई कमी नहीं है, पर वो ग़ज़ल की तरह नहीं लगता। वो शास्त्रीय गायकी की तरह लगता है।

गुलज़ार और जगजीत सिंह

जगजीत का सुननेवालों के साथ एक कमाल का कनेक्शन था। वो जैसे जादू कर देते थे। मैं उन्हें ग़ज़लजीत सिंह कहता था।

कभी-कभी हमारी बहस हो जाती थी और जगजीत कहता था—

"ऐसा कोई शेर बोलो जो दिल को लगे।"

"मैं बहुत निशाने लगाता हूँ तेरे दिल पे लगता नहीं है, क्या करूँ?"

वो कहता था कि उसे हमेशा मेरी शायरी समझ में नहीं आती। वो मुझे एक ग़ज़ल की मिसाल देता था—

'तेरी आवाज़ सुनाई देती है
एक परवाज़ दिखाई देती है'

वो मुझसे कहता, इन दोनों मिसरों के बीच का कनेक्शन समझाओ।

फिर कहता, अब चूँकि आपने समझा दिया है इसलिए तस्वीर साफ़ हो गई है। पर इसे जनता तक कैसे पहुँचाया जाए?

"सुननेवालों का अल्फ़ाज़ और धुन से जज़्बाती रिश्ता होता है, वो समझ जाएँगे।"

नसरीन : आपकी एक मशहूर ग़ज़ल है 'शाम से आँख में नमी-सी है'...

शाम से आँख में नमी-सी है
आज फिर आपकी कमी-सी है

दफ़्न कर दो हमें कि साँस मिले
नब्ज़ कुछ देर से थमी-सी है

वक़्त रहता नहीं कहीं टिक कर
इसकी आदत भी आदमी-सी है

कोई रिश्ता नहीं रहा फिर भी
इक तसलीम लाज़मी-सी है

शाम से आँख में नमी-सी है
आज फिर आपकी कमी-सी है

गुलज़ार : 'शाम से आँख में नमी-सी है' से जुड़ी एक दिलचस्प कहानी है। ये ग़ज़ल चार बार चार अलग-अलग संगीतकारों के ज़रिये ज़िन्दा हुई। चारों बहुत ही नामी संगीतकार। उन्होंने इस मुखड़े की धुन बनाई।

सबसे पहले मैंने इसे सलिल चौधरी को दिया था, जो अपने छोटे भाई बाबू चौधरी की फ़िल्म के लिए संगीत तैयार कर रहे थे। मेरे ख़याल से फ़िल्म का नाम था—*मिट्टी का देव*। सलिल दा ने मुझसे एक ग़ज़ल देने को कहा और मैंने उन्हें ये दे दी, 'शाम से आँख में नमी-सी है'। जब हमने धुन बनाना शुरू किया, उन्होंने पूछा—

"क्या मैं इस तरह कर सकता हूँ—'नमी नमी-सी है, कमी कमी-सी है'? इस तरह लफ़्ज़ धुन के साथ ठीक जाएँगे।"

मैं राज़ी हो गया और गाना रिकॉर्ड हो गया—उसमें ये मुखड़ा था, पर अन्तरे अलग थे। लेकिन फ़िल्म बन्द हो गई और गाना रह गया।

इसके बाद मेरे असिस्टेंट मेराज एक नई फ़िल्म बना रहे थे। उनकी पहली फ़िल्म *पलकों की छाँव में* थी, वो सन् 1977 में रिलीज़ हुई थी। उन्होंने ये लाइनें कहीं पढ़ी थीं। मुझसे पूछा कि क्या मैं इस ग़ज़ल का इस्तेमाल कर लूँ। लक्ष्मीकान्त-प्यारेलाल उस फ़िल्म का संगीत तैयार कर रहे थे।

ये सत्तर के दशक के आख़िर की बात है। लक्ष्मीकान्त ने मुझसे पूछा कि क्या वो 'नमी' और 'कमी' शब्दों को दोहरा सकते हैं। मैंने उन्हें बताया कि सलिल दा ने भी यही पूछा था, इस पर लक्ष्मी जी बोले—

"उसमें हमारी गिनती और ताल में कुछ फ़र्क़ पड़ता है, इस ताल में ये अच्छा आता है।"

अफ़सोस मेराज की फ़िल्म भी बन ना सकी।

इसके बाद अस्सी के दशक के आख़िर में कभी पंचम और मैं एक नॉन फ़िल्म एलबम 'दिल पड़ोसी है' तैयार कर रहे थे। तब मैंने इसी ग़ज़ल का एक शेर उसे पढ़कर सुनाया। उसने गाने का इतिहास भी मुझसे सुना।

"मेरे दोस्त, ये ग़ज़ल बहुत प्यारी है, इसे मुझे दे दो।"

"देखो, दोनों बार फ़िल्म बन्द हो गई, ऐसा ना हो तुम्हारा एलबम बन्द हो जाए।"

"मैं इसमें नमी और कमी को रिपीट नहीं करूँगा। बस इस पर जो मनहूस साया है वो ख़त्म हो जाएगा।"

और इस तरह ये ग़ज़ल 'दिल पड़ोसी है' में आई, पर हैरत की बात ये है कि ये कभी किसी फ़िल्म में जगह नहीं बना सकी।

आख़िरकार सन् 1999 में जगजीत ने ग़ज़ल मेरी एक किताब में पढ़ी और मुझसे पूछा कि क्या मैं इसे गा सकता हूँ। तीन संगीतकारों की कहानी भी उसे रोक नहीं सकी।

"तीनों बार इसे महिला गायिकाओं ने गाया था, इस बार ये मेरी आवाज़ में आएगी। मेरे लिए इसके नए अन्तरे लिख दीजिए।"

"शाम से आँख में नमी-सी है...आज फिर आपकी कमी-सी है" जगजीत की सबसे मशहूर ग़ज़लों में से एक बन गई।

एक बार उसने मुझसे कहा कि मैं कॉन्सर्ट में ग़ज़लें गाऊँगा, आप स्टेज पर साथ रहना और अपनी ग़ज़लें पढ़ना। हमने कोई 'क्यू' तय नहीं किया था कि मुझे कब शुरू करना है, मैं विंग्स में बैठ गया, उसके इशारे का इन्तज़ार करने लगा। फिर मैंने सुना कि वो बार-बार गा रहा है—'आप की कमी-सी है, आप की कमी-सी है'। मैंने देखा, साजिन्दों के चेहरे पर मुस्कान है। पर तब भी मैं समझ नहीं पाया कि चल क्या रहा है और जगजीत इस लाइन को बार-बार दोहरा क्यों रहा है। अचानक मुझे समझ में आया कि अरे यही तो मेरा क्यू है और मैं स्टेज पर चला आया। *[दोनों हँसते हैं]*

जगजीत इतना शरारती था। मैंने उसे कभी ग़ुस्सा होते नहीं देखा। मैंने भूपी को ग़ुस्सा होते देखा है पर कभी जगजीत को नहीं देखा।

भूपी और जगजीत के साथ मेरा बहुत क़रीबी रिश्ता रहा है। एक ही साँस में उनके बारे में बातें करके मुझे अच्छा लगता है। ऐसा लगता था। हम एक ही परिवार के लोग हैं—जगजीत और चित्रा, भूपी और मिताली। अब जगजीत चला गया है, उसकी बहुत याद आती है।

जब मैं भूपी से मिलता हूँ, हम जगजीत के बारे में बातें करते हैं। हम पंचम के बारे में भी बात करते, क्योंकि वो भी मेरे परिवार के सदस्य की तरह ही था।

नसरीन : मुझे याद आया, आपने भूपिन्दर के साथ एक नया एलबम रिकॉर्ड किया है ना?

गुलज़ार : हाँ, उसका नाम है *दिल पीर है*। मेरे ख़याल से ये टाइटल बढ़िया है। क्या मैं इसकी कुछ लाइनें पढ़कर सुनाऊँ। राशिद ख़ान और शिवांगी देसाई ने इस ग़ज़ल को गाया है—

कौन आएगा घनी रात ये सुनसान बहुत है
एक उम्मीद भटकती है परेशान बहुत है
दिल में जब दर्द बसे थे तो गुज़र जाती थी शामें
अब सुकूँ आने लगा है तो ये वीरान बहुत है
नींद आती नहीं और नींद में रहता है हमेशा
इश्क़ ख़ुद अपने ही अन्दाज़ पे हैरान बहुत है
तैरते रहते हैं जो आँखों के पानी में हमेशा
ऐसे नमकीन से कुछ लोगों से पहचान बहुत है
इश्क़ की लोरियों में दर्द ने थपकियाँ दी थीं
इन बुज़ुर्गों का बड़ा होने में एहसान बहुत है

गुलज़ार : *दिल पीर है* में एक बहुत ही दिलचस्प लोक-शैली का गाना है, जो एक लड़की के बारे में है, उसकी शादी हो रही है और वो अपने माँ-बाप का घर छोड़कर जा रही है।

ये मेरे पसन्दीदा गानों में से एक है। भूपिन्दर ने इसे बहुत अच्छी तरह कम्पोज़ किया है।

नसरीन : ये तो बहुत जज़्बाती गाना है और शादी के बाद मायका छोड़कर जाती लड़की के जज़्बात को अच्छी तरह दिखाता है, शायद मरज़ी के ख़िलाफ़ शादी है। शायद ये भी साफ़ है कि ये गाना आपको क्यों इतना पसन्द है। ग़ैर-फ़िल्मी एलबम में आपको आज़ादी मिलती है, क्योंकि यहाँ आपको गाने का नज़रिया फ़िल्म की सिचुएशन के मुताबिक़ नहीं बुनना पड़ता।

गुलज़ार : जब आप नियमित रूप से किसी भी तरह का लेखन करते हैं,

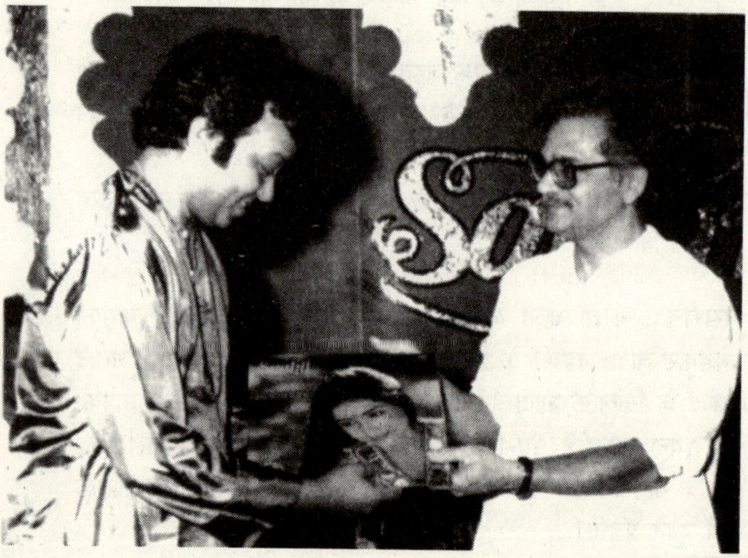

गुलज़ार और भूपिन्दर सिंह

तो आप कुछ ऐसा चाहते हैं जो आपको आज़ादी दे। एक संगीतकार अपनी धुनों के बारे में भी यही महसूस करता है। बिना बन्दिशों के काम करने का अपना सुकून है, यहाँ आपको किसी किरदार की ज़बान में बँधकर नहीं रहना है। आप ऐसे अल्फ़ाज़ का इस्तेमाल कर सकते हैं, जो आप अमूमन फ़िल्मी गानों में इस्तेमाल नहीं कर पाते—क्योंकि फ़िल्म एक बड़े दायरे तक पहुँचती है। इसलिए आप ऐसे अल्फ़ाज़ का इस्तेमाल करते हैं जो ज़्यादा से ज़्यादा लोगों को समझ में आ सकें।

नसरीन : क्या आप अपने ग़ैर-फ़िल्मी गानों में ज़्यादा मुश्किल उर्दू का इस्तेमाल करते हैं?

गुलज़ार : नहीं, क्योंकि यहाँ भी आप अपनी बात पहुँचाना चाहते हैं पर यहाँ इस बात से एतराज़ नहीं रहता कि ये एलबम एक छोटे दायरे में ही लोगों को पसन्द आएगा। यहाँ हम शास्त्रीय संगीत की तरफ़ ज़्यादा झुक सकते हैं। ग़ैर-फ़िल्मी एलबम में आज़ादी बहुत ज़्यादा होती है।

नसरीन : आपका एकदम नया ग़ैर-फ़िल्मी एलबम एक और बहुत ही नामी ग़ज़ल-गायक के साथ रहा है...

गुलज़ार : जी हाँ, पंकज उधास जी। मैं उनसे पहले भी कुछ बार मिला था। पर जब उनके साथ काम किया तो उन्हें बेहतर तरीक़े से जान सका। मैंने अपनी ज़िन्दगी में उनसे ज़्यादा शरीफ़ इनसान नहीं देखा। शरीफ़ों से भी शरीफ़। उनका कपड़े पहनने का सलीक़ा कमाल है, और तहज़ीब भी। नाज़ुक-मिज़ाजी, नरमी और अच्छे अल्फ़ाज़ ग़ज़ल की बुनियादी ख़ासियतें हैं। क्या वो ग़ज़ल का जीता-जागता रूप नहीं हैं? मैं ख़ुशक़िस्मत हूँ कि मुझे उनके नये एलबम में काम करने का मौक़ा मिला। *[नायाब लम्हे]*

नसरीन : फिर से फ़िल्म-संगीत की बात करते हैं, युगल-गीत हमेशा से लोकप्रिय रहे हैं। आपने बहुत सारे बेहतरीन डुएट गाने लिखे हैं, पर मुझे ख़ासतौर पर फ़िल्म *गुरु* का गाना बहुत पसन्द है।

'ओ हमदम' में आपने एक शब्द इस्तेमाल किया है—'बेसुवादी'। ये शब्द मैंने पहले कभी नहीं सुना।

गुलज़ार : जी, मैंने भी नहीं सुना था *[मुस्कुराते हैं]*। पर मुझे बिना स्वाद वाली रात का ख़याल अच्छा लगा।

ओ हमदम बिन तेरे क्या जीना
तेरे बिना बेसुवादी-बेसुवादी रतियाँ, ओ सजना
रूखी रे, ओ रूखी रे
काटूँ रे, काटे कटे ना।

ना जा चाकरी के मारे
ना जा सौतन पुकारे
सावन आएगा तो पूछेगा, ना जा रे
फीकी-फीकी बेसुवादी ये रतियाँ
काटूँ रे, काटे कटे ना
तेरे बिना सजना, काटे कटे ना।

गुलज़ार : मैंने ये तसव्वुर किया कि चाँद का चेहरा अशर्फ़ी जैसा है—सोने के सिक्के जैसा। प्रेमी के बिना चाँद का सुनहरा चेहरा नकली लग रहा है। अगली लाइन में चाँद को झूठा कहा जा रहा है।

तेरे बिना चाँद का सोना खोटा रे
पीली-पीली धूल उड़ावे झूटा रे
तेरे बिना सोना पीतल

नसरीन : मुझे अगली लाइन समझ में नहीं आई।

गुलज़ार : 'तेरे संग कीकर पीपल'...इसका मतलब ये है कि तुम साथ हो तो काँटेदार कीकर भी मुझे पीपल जैसा लग रहा है।

तेरे बिना सोना पीतल
तेरे संग कीकर पीपल
आजा कटें ना रतियाँ

नसरीन : फ़िल्म *गुरु* का एक और शानदार युगल गीत है—'ऐ हैरत-ए-आशिक़ी', जिसे हरिहरन और अल्का याग्निक ने गाया है। रहमान ने इसकी बहुत ख़ूबसूरत और बारीक धुन तैयार की है। जो इस लाइन से शुरू होती है—'सुन मेरे हमदम'

इससे पहले कि हम आगे जाएँ, क्या आप ये बता सकते हैं कि आप कैसे फ़ैसला करते हैं, प्यार से पुकारने का कौन-सा जुमला इस्तेमाल करना है—इसका फ़ैसला आप कैसे करते हैं?

यहाँ आपने 'हमदम' का इस्तेमाल किया है, जबकि यहाँ 'मेरे पिया' या ऐसा ही कुछ और भी हो सकता था।

गुलज़ार : बहुत अच्छा सवाल है ये।

दो बातों का ख़याल रखना पड़ता है। पहली, शब्द फ़िल्म की भाषा से मेल खाएँ। फ़िल्म में शब्दों का अपना एक कुनबा या बुनावट होती है। और गाने के शब्द उससे मेल खाने चाहिए।

इसके बाद आती है धुन। अगर आपके पास 'बीट' है तो 'हम-दम' [गुलज़ार साहब 'म' पर ज़ोर डालते हैं] तो दम 'बीट' पर सही बैठेगा। इसलिए 'ओ साथी रे' कहने की बजाय ये सही लगेगा। जब आप अल्फ़ाज़ तलाश कर रहे होते हैं तो धुन आपको साउंड और रिदम देती है।

नसरीन : क्या प्यार से पुकारनेवाले कुछ जुमले ऐसे हैं जो अब पुराने पड़ चुके हैं?

गुलज़ार : एक बार मेरी रहमान से बहस हो गई थी। मैंने 'सनम' शब्द के इस्तेमाल से इनकार कर दिया था। उनकी एक धुन में डमी के तौर पर 'सनम' का इस्तेमाल किया गया था और उन्हें वो बहुत पसन्द आया था। मैंने इस पर एतराज़ किया—

"चाहे जो हो जाए, मैं 'सनम' का इस्तेमाल नहीं करूँगा।"

रहमान अमेरिका में थे और हमारी बातचीत स्काइप पर हो रही थी।

"क्यों? क्या 'सनम' एक बुरा शब्द है?"

"ये इतना ज़्यादा घिसा-पिटा है कि क्या बताऊँ!"

"तो क्या? ये गाने में ठीक लग रहा है गुलज़ार साहब।"

"नहीं, मैं इसका इस्तेमाल नहीं करनेवाला। मैंने कभी कहीं इस लफ़्ज़ का इस्तेमाल नहीं किया है। ये बहुत ही सड़ा शब्द है। सड़ी-गली सब्ज़ियों जैसा ख़राब शब्द।"

नसरीन : मैं समझ सकती हूँ कि आपको ये लफ़्ज़ बिलकुल पसन्द नहीं है। 'बलमा' या 'बालम' के बारे में आपकी क्या राय है?

गुलज़ार : अगर आप एक लोकगीत लिख रहे हैं या एक ऐसी फ़िल्म का गाना, जिसकी कहानी पुराने ज़माने के गाँव पर केन्द्रित है तब आप प्यार से पुकारने के लिए इस शब्द का इस्तेमाल कर सकते हैं। लेकिन आधुनिक कहानियों में इस शब्द का इस्तेमाल नहीं किया जा सकता। मैं पुराने पड़ चुके शब्दों से बचता हूँ। ऐसे घिसे-पिटे शब्द इस्तेमाल करने का कोई मतलब नहीं है।

नसरीन : फिर से 'ऐ हैरत-ए-आशिक़ी' की तरफ़ लौटते हैं, 'हैरत-ए-आशिक़ी' ख़ूबसूरत जुमला है।

गुलज़ार : मैंने ये जुमला गढ़ा है। 'हैरत' और 'आशिक़ी' उर्दू के क्लासिकी लफ़्ज़ हैं। मैंने 'ए' का इस्तेमाल करके उन्हें आपस में जोड़ दिया है। फ़ारसी में अल्फ़ाज़ को इस तरह जोड़ना आम है। क़व्वालियों में आपको इससे मिलते-जुलते कई लफ़्ज़ मिल जाएँगे। और 'ऐ हैरत-ए-आशिक़ी' में क़व्वाली वाला मिज़ाज है। ये धुन और बहुत हद तक ये गाना भी क़व्वाली की तरह ही है।

नसरीन : क्या 'हैरत-ए-आशिक़ी' उसी तरह का इस्तेमाल है, जैसा 'शाम-ए-ग़म की क़सम' में हुआ है?

गुलज़ार : आपने एकदम सही मिसाल खोजी है।

नसरीन : 'क्यूँ उर्दू-फ़ारसी बोलते हो? दस कहते हो, दो तौलते हो'...ये तो बहुत ही दिलचस्प लाइन लगी मुझे।

गुलज़ार : ये एक तरह से प्यार में ताना मारना है। जब वो अपने आशिक़

से कहती है, वो उर्दू फारसी क्यों बोलता है, वो 'हैरत-ए-आशिक़ी' जैसे जुमले की बात कर रही है—यानी उसके कहने का ये मतलब है कि उसे आसान ज़बान में बात करनी चाहिए।

'दस कहते हो, दो तौलते हो...' यहाँ कहने का मतलब ये है कि जहाँ दो शब्दों में बात कही जा सकती है, वहाँ वो दस शब्द कहता है।

नसरीन : ये लाइन दिखाती है कि वो एक ऐसा आशिक़ है जो बढ़ा-चढ़ाकर बोलता है। ज़्यादा बोलनेवाला। ये बात एक और लाइन में दिखाई गई है—'झूठों के शहंशाह हो, बोलो ना'। यहाँ 'बोलो ना' का मतलब 'मत बोलो' है या 'बताओ ना' है?

गुलज़ार : आप अल्फ़ाज़ को पढ़ रही हैं, सुन नहीं रही हैं। कहने का जो 'टोन' है उससे आपको पता चल जाएगा कि 'बताओ ना' है या 'मत बोलो' है।

नसरीन : इसका मतलब गायक का जो लहजा या 'टोन' है—वो इसे साफ़ करता है? गाने की लाइनें समझने के लिए आपने ये एक बहुत ही ज़रूरी सुराग़ दिया है।

(हरिहरन)

हमेशा इश्क़ में ही जीना
ऐ हैरत-ए-आशिक़ी जगा मत
पैरों से ज़मीं, ज़मीं लगा मत
ऐ हैरत-ए-आशिक़ी ...

(अल्का याग्निक)

क्यों उर्दू-फ़ारसी बोलते हो
दस कहते हो दो तौलते हो
झूठों के शहंशाह, बोलो ना

(हरिहरन)

कभी झाँको मेरी आँखें
सुनाएँगी इक दास्तां जो होंठों से खोलो ना
दो चार महीन से लम्हों में
उम्रों के हिसाब भी होते हैं

(अल्का याग्निक)

जिन्हें देखा नहीं कल तक
कहीं भी, अब कोख में वो चेहरे बोते हैं

नसरीन : मैंने इंटरनेट पर देखा, कई लोगों ने 'महीन' को 'महीना' समझ लिया है।

गुलज़ार : 'महीन' लफ़्ज़ फ़ारसी का है और इसका ताल्लुक़ चाँद से है। फ़ारसी में चाँद को 'माह' कहते हैं। 'माह-ए-नूर' का मतलब हुआ 'चाँदनी'। 'महीन' के मायने हैं हल्का-सा, बारीक, नाज़ुक। इसका 'महीने' से कोई ताल्लुक़ नहीं है।

नसरीन : आपके इतने सारे गाने हैं, क्या उनमें से पसन्दीदा गाना चुनना मुमकिन है?

गुलज़ार : नामुमकिन है। ये ज़रूर होता है कि एक ख़ास सिचुएशन पर एकदम मुफ़ीद बैठनेवाला कोई गाना मुझे पसन्द आ जाए। इसके बाद किसी और सिचूएशन पर लिखा कोई और गाना मुझे अच्छा लगने लगता है। ये जो चुनाव है, ये उस पल के एहसास को बयाँ करता है। इसका मतलब कोई नम्बर एक या नम्बर दो नहीं है।

ज़िन्दगी में भी आपको अचानक कोई शेर याद आ जाता है, जो आपके मौजूदा हालात को बयाँ करता है या फिर उस वक़्त आपकी कैफ़ियत को बयाँ करता है।

नसरीन : जब आप एक लड़के और लड़की के बीच की बातचीत का कोई गाना लिखते हैं, तो आपको क्या ख़याल रखना पड़ता है? अंग्रेज़ी में तो नहीं पर हिन्दी और उर्दू में तो स्त्रीलिंग और पुल्लिंग का ख़याल भी रखना पड़ता है।

गुलज़ार : मैं निर्देशक को गाना दे देता हूँ, ये ख़याल रखते हुए कि ये लाइन लड़की की है और ये लाइन लड़के की है। अचानक निर्देशक कहता है, अगर लड़की ये लाइन गाए तो? लड़का किस तरह जवाब देगा? अब शब्दों का लिंग तो बदलना पड़ेगा—ख़याल तो वही रहेगा। 'मैं कहता हूँ' की बजाय 'मैं कहती हूँ' करना पड़ेगा।

हम गीतकार थोड़ी चालाकी करते हैं, जो किसी काम की नहीं है। कुछ इस तरह—'हम कहते हैं...'। इस तरह कुछ पता नहीं चलता, क्योंकि 'हम' लड़के के लिए भी हो सकता है 'लड़की' के लिए भी। इसलिए हम ये सोचकर इस तरह के जुमले गढ़ते हैं कि अगर निर्देशक गाना फ़िल्माते हुए लड़के-लड़की की लाइनें आपस में बदल भी दें तो भी काम चल जाए। हिन्दी में हमारे पास इस तरह के विकल्प होते हैं।

नसरीन : मुझे लगता है कि आज के गीतकारों को एक बड़ा नुक़सान होता है, क्योंकि बहुत सारे फ़िल्मी किरदार गानों में सही इज़हार करते नहीं दिखते। और आज के ज़माने की हिन्दी फ़िल्मों में लिप-सिंक वाले गाने बहुत ही अजीब-से लगते हैं, ख़ासकर तब, जब वो एकदम हक़ीक़त बयान करनेवाली फ़िल्में होती हैं। आज गाने कहानी का उस तरह हिस्सा नहीं हैं, जैसे पहले कभी हुआ करते थे।

गुलज़ार : इसलिए ज़्यादातर गाने बैकग्राउंड में चलते हैं और हीरो और हीरोइन गाने पर होंठ नहीं हिलाते, लिप-सिंक नहीं करते। आपने सही ग़ौर किया है।

नसरीन : और तो और, अब हिन्दी फ़िल्मों में नैरेटर के वॉइस ओवर का इस्तेमाल बहुत बढ़ रहा है। इससे जानकारी मिल जाती है, कहानी के बीच की ख़ाली जगहें भर जाती हैं, सन्दर्भ समझा दिया जाता है, कई सीन फ़िल्माने नहीं पड़ते और कभी-कभी तो इससे किरदार की जज़्बाती

कैफ़ियत भी बता दी जाती है।

पर अगर हम ये मानें कि एक गाना किसी किरदार के जज़्बात का इज़हार है, तो इस तरह का वॉइस-ओवर तो गाने का काम कर रहा है। मेरा मानना है कि नैरेटर की आवाज़ के इस्तेमाल की वजह से भारतीय सिनेमा में गाने बेमानी होते जा रहे हैं। अब बस ऐसे गाने आते हैं, जो डांस-नम्बर हैं और इनका इस्तेमाल फ़िल्म की रिलीज़ के वक़्त प्रचार में किया जाता है या फिर गाने के आख़िर में जब क्रेडिट चलते हैं—तो उन्हें वहाँ डाल दिया जाता है।

गुलज़ार : आपने सही कहा। अब किरदार के मन में क्या चल रहा है, ये सब नैरेटर बताने लगा है। लेकिन बदलते वक़्त के साथ आपको चलना ही पड़ता है।

नसरीन : सही बात है। हालाँकि मेरी राय है कि भारतीय सिनेमा को गाने और उनका संगीत अनूठा बनाते हैं—यही तो हमें फ़िल्म से जोड़कर रखते हैं।

ये बातचीत कई दिनों तक चल सकती है पर इस बेहतरीन बातचीत को अब मैं ख़त्म करने की तरफ़ बढ़ रही हूँ। मुझे लगता है ये दिलचस्प होगा कि हम आपके गाने 'तुझसे नाराज़ नहीं ज़िन्दगी' के ज़रिये मीटर और रिदम की बात करें। ये गाना सन् 1983 में फ़िल्म *मासूम* में आया था और राहुल देव बर्मन ने कम्पोज़ किया था।

मैं सोचती हूँ कि इस मीटर पर कोई और शब्द आ ही नहीं सकते थे।

गुलज़ार : *[रुककर गिनते हैं]*—'तुझ-से नारा-ज़ नहीं ज़िन्द-गी है-रान हूँ मैं'। ये है मीटर—आप गिन लीजिए। कुल कितनी बीट हैं। इसी मीटर पर आप ये भी कह सकती हैं—'जीना दुश्वार है ज़िन्दगी आसान नहीं है'।

नसरीन : आपने राहुल देव बर्मन को बोल पहले दिए थे या आपने ये गाना धुन पर लिखा था?

गुलज़ार : मैंने पहली लाइन लिखी थी—जिससे शेखर कपूर को फ़िल्म का टाइटल *मासूम* मिला—

'तेरे मासूम सवालों से परेशान हूँ मैं'...इसके बाद धुन पर पूरा गाना लिखा गया।

जब पंचम ने इसकी धुन बनाई, शेखर की राय ये थी कि हम कोलकाता से एक नये गायक अनूप घोषाल को लाएँ। पंचम फ़ौरन मान गया। वो नई प्रतिभाओं को आज़माने के लिए हमेशा राज़ी रहता था। हालाँकि उसने अनूप घोषाल को कुछ दिन प्रैक्टिस करने को कहा। तलफ़्फ़ुज़ और अदायगी बहुत मायने रखती है—आवाज़ ही सब कुछ नहीं होती। आपको ये पता होना चाहिए कि गाने को कैसे अदा किया जाए।

नसरीन : क्या आपको इस गाने को लिखने में बहुत वक़्त लगा था?

गुलज़ार : जी हाँ, वक़्त तो लगा, क्योंकि मैंने और शेखर ने ये तय किया कि किन दृश्यों पर ये गाना फ़िल्माया जाएगा। ये गाना फ़िल्म में किसी एक सीन में नहीं है, बल्कि उसके कई हिस्सों में दोहराया जाता है। इसलिए गाने की लाइनें कहानी के मुताबिक़ बदली गईं।

नसरीन : जिन लोगों ने *मासूम* नहीं देखी है, उन्हें बता दें कि ये एक नाजायज़ बच्चे की कहानी है, राहुल—जिसका किरदार बड़ी ख़ूबसूरती से जुगल हंसराज ने निभाया था। उसकी माँ मर चुकी है। मजबूरी में राहुल को अपने पिता के साथ रहना पड़ता है, जिनसे वो कभी नहीं मिला है। पिता की भूमिका नसीरुद्दीन शाह ने निभाई थी। उसकी एक और शादी हो चुकी है। इस बच्चे को अपने नये परिवार में घुलने-मिलने के लिए जद्दोजहद करनी पड़ती है।

'तुझसे नाराज़ नहीं ज़िन्दगी' एक साथ तीन काम करता है—ज़िन्दगी से सवाल करता है, एक फ़लसफ़ाई बात कहता है और राहुल की ज़िन्दगी को बयाँ करता है। जैसे ये लाइन 'ज़िन्दगी तेरे ग़म ने हमें रिश्ते नये समझाए'...राहुल के हालात को दिखाती है। जबकि ये लाइन 'तेरे मासूम सवालों से परेशान हूँ मैं'...इसमें पिता राहुल से बात कर रहा है, और उस बेटे के लिए अपने उलझन भरे जज़्बात का इज़हार भी कर रहा है—जिसे वो जानता नहीं है। और उसके लिए उसके पास कोई जवाब भी नहीं हैं।

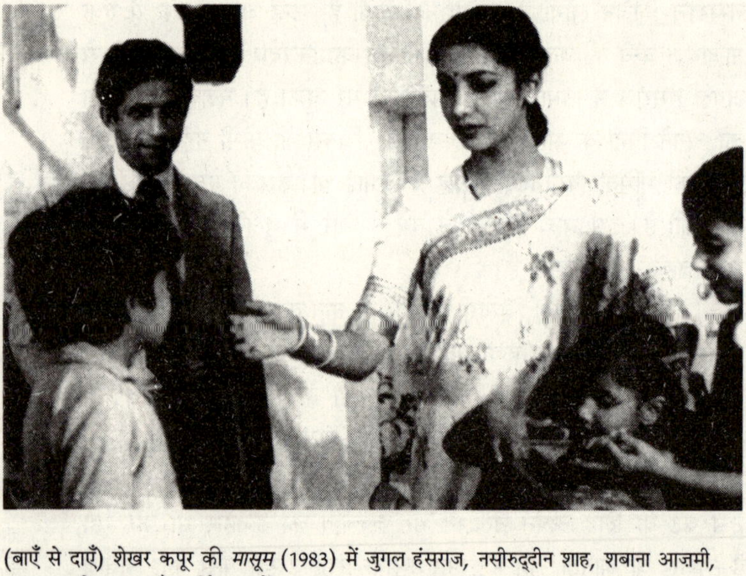

(बाएँ से दाएँ) शेखर कपूर की *मासूम* (1983) में जुगल हंसराज, नसीरुद्दीन शाह, शबाना आज़मी, आराधना श्रीवास्तव और उर्मिला मातोंडकर

तुझसे नाराज़ नहीं ज़िन्दगी हैरान हूँ मैं
तेरे मासूम सवालों से परेशान हूँ मैं

जीने के लिए सोचा ही नहीं दर्द सँभालने होंगे
मुस्कुराएँ तो मुस्कुराने के क़र्ज़ उतारने होंगे
मुस्कुराऊँ कभी तो लगता है
जैसे होंठों पे क़र्ज़ रखा है

ज़िन्दगी तेरे ग़म ने हमें रिश्ते नए समझाए
मिले जो हमें धूप में मिले छाँव के ठंडे साए
आज अगर भर आई हैं बूँदें बरस जाएँगी
कल क्या पता इनके लिए आँखें तरस जाएँगी
जाने कब गुम हुआ कहाँ खोया
एक आँसू छुपा के रखा था

नसरीन : ये गाना उस कशमकश के बारे में है—जिसका सामना हम ज़िन्दगी में करते हैं। इसकी मेलोडी भी भुलाई नहीं जा सकती। ये लफ़्ज़ और ये ख़याल बहुत अनूठे हैं। आपने बहुत ही नायाब, बहुत ख़ूबसूरत लाइनें लिखी हैं।

गुलज़ार : मुझे ख़ुशी है कि इतने साल बाद मुझे आपसे ये तारीफ़ सुनने को मिल रही है। *[दोनों हँसते हैं]*

शायद इसलिए आप मेरे गानों पर किताब लिखना चाहती हैं।

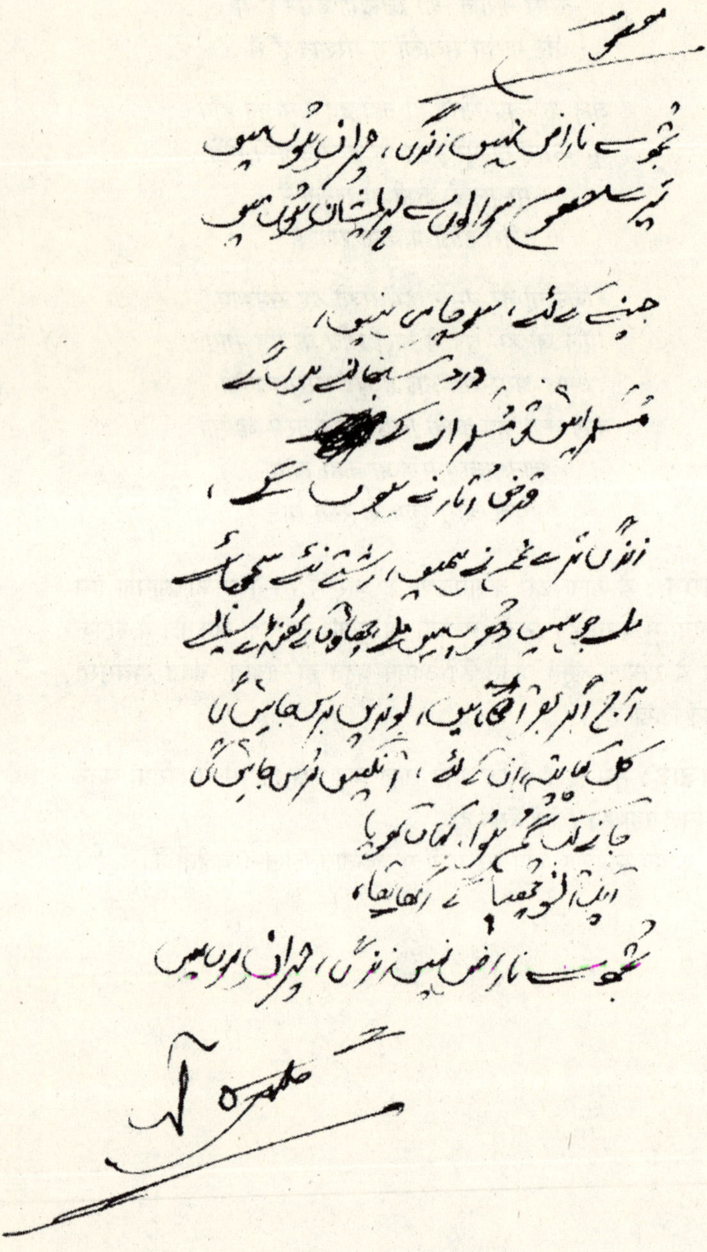
معصوم

تجھ سے ناراض نہیں زندگی، حیران ہوں میں
تیرے معصوم سوالوں سے پریشان ہوں میں

جینے کے لیے سوچا ہی نہیں،
درد سنبھالنے ہوں گے
مسکرائیں تو مسکرانے کے
قرض اتارنے ہوں گے،

زندگی تیرے غم نے ہمیں رشتے نئے سمجھائے
ملے جو ہمیں دھوپ میں ملے چھاؤں کے ٹھنڈے سائے

آج اگر بھر آئی ہیں، بوندیں برس جائیں گی
کل کیا پتہ ان کے لیے، آنکھیں ترس جائیں گی
جانے کب گم ہوا، کہاں کھویا
ایک آنسو چھپا کے رکھا تھا

تجھ سے ناراض نہیں زندگی، حیران ہوں میں

گلزار

गुलज़ार की लिखावट में 'तुझसे नाराज़ नहीं ज़िन्दगी' गीत

आभार

रवि सिंह, फ़रहाना महमूद, शोनाली गजवानी, जस्टिन चुब, यशस्वी वाच्छानी, मेघना गुलज़ार, प्रिया कुमार, शमीम कबीर, रुद्रदीप भट्टाचार्जी, मणिरत्नम और सलीम आरिफ़ को धन्यवाद।

अनुवादकीय

ऐसा हो जाए अगर, तुम्हीं मिल जाओ

पीछे मुड़कर देखूँ तो याद नहीं पड़ता कि शुरुआत कहाँ से हुई थी; ठीक-ठीक कौन-सा वो मोड़ था, कैसे वो दिन थे—जब गुलज़ार साहब ज़िन्दगी का एक ज़रूरी हिस्सा बन गए थे। पहले फ़िल्मी गाने, फिर ग़ैर-फ़िल्मी गीत-शायरी, फिर कहानियाँ, उसके बाद उनके लिखे संवाद और फिर उनकी बनाई फ़िल्में और इन सबके बीच उनकी आवाज़ भी...उम्र के उन किशोर दिनों में एक-एक करके सब यूँ सामने आता गया जैसे बाइस्कोप में हर बार अगली तस्वीर सामने आकर हैरत में डाल देती है। जब तक आप उसे पूरा देख पाएँ...उसे आँखों में भर पाएँ...अगली तस्वीर आ जाती है।

फ़िल्मी गानों से अनुराग ऐसा था कि कैसेट्स भरवाता था, इसरार करता कि जैसे फ़ेहरिस्त दे रहा हूँ उसी तरतीब में भरना गाने। तब रजिस्टर बना लिये थे, जिनमें गानों की इबारत लिखता। उसे पढ़कर गाने की भीतरी परतें खुलतीं। अख़बारों, पत्रिकाओं और रेडियो पर बारीक निगाह होती, गानों के बनने की कहानियाँ पता चलतीं। तब लुत्फ़ और बढ़ जाता। गुलज़ार साहब के गानों के साथ हमेशा ऐसा किया। गानों की इबारत लिखना, फिर उसे पढ़ना और सुनना...गानों के भीतर छिपी ख़ुशबू के दरीचों को खोल देना है। ऐसे दरीचे

ख़ूब खुले, ख़ुशबू खूब खिली, जादू जगा...'जादू है जुनून है ये कैसी माया है'।

फिर एक दिन एक दोस्त ने कहा, ज़रा इस किताब के दो-तीन पन्नों का अनुवाद करके जल्दी से भेजो। ज़्यादा कुछ सोचा नहीं। भेज दिया।

अंग्रेज़ी बड़ी सपाट भाषा है। ख़ासकर जब जवाब गुलज़ार साहब दे रहे हों। उनका अपना मुहावरा है कहन का। वो अपनी ज़बान में ही आता है। किशोर-वय से 'साहब' रगों में इतने घुले थे कि अंग्रेज़ी में जो पढ़ा उसे यहाँ शायद हिन्दुस्तानी में उनकी ज़बान मिल गई।

वो ख़ुद लिखते हैं—'ऐसा होता तो नहीं, ऐसा हो जाए अगर, तुम्हीं मिल जाओ'। मुम्बई में उन्हें दूर से देखता रहा हूँ। कभी बातें भी हुईं तो बहुत मुख़्तसर-सी। इस पुस्तक के अनुवाद में मुझे 'वो' मिल गए हैं। शुक्रिया गुलज़ार साहब, शुक्रिया नसरीन, शुक्रिया सत्या और शुक्रिया राजकमल।

—यूनुस ख़ान